ANDRÉ FRÉNAUD

LA SAINTE FACE RÉVÉLÉE DANS LES BAQUETS

à Raymond Queneau

Encore une odeur d'herbe mouillée
sur la peau rousse... Etaient-ils tous marqués
pour en venir là ? Ma foi oui, c'est l'espèce :
Des Saints martyrs, Dieu l'a voulu.

... Des hommes ont grimpé sur le faubourg.
En grosses culottes, on les a vus.
Ils ont traversé les murettes.
Le sang a teint les boutiques. Du rouge
dégouline à l'aube le long des grilles.

Quelle corde me lie à cette place ?
Parmi les morts qui prolifèrent
pourquoi suis-je attaché pour rêver d'eux
à ces égorgés justement ?
Qui les victimes ? Qui les endosse ?
L'abattoir était-il responsable ?
Le sang d'autrefois est-il reprochable ?

... On leur aurait tranché la tête,
suspendu l'échine à des crocs.
Des soldats auraient rompu leurs os
en croix, nous ont dit d'autres.

1

Une bonne femme ancienne aimée
reconnue sans force...
Un grand personnage mis en cause...
Les Innocents qui marmottent sous les coups
et meurent vite,
les autres à plus longue haleine...
Qui pourrait les défendre ou les protéger ?
Une fable nouvelle s'éveillera-t-elle
lentement dans nos yeux ?

Pour présenter nouveau visage
à tout instant pour témoigner
de la jeunesse insaisissable
de la vie qui monte et qui va,
le temps, le temps, le sang passe,
chacun dans chacun prend sa place.
Il s'en nourrit si l'ignore.
Il le suce, il se reconnaît
sans rival. Et parfois s'attendrit
en pure bonté pour le mort.

... Il n'y eut ni malice, ni rouerie,
mais simple maniement des outils,
un massacre de routine.
En ont-ils bien saisi
toute l'économie, les défunts ?
Ils n'avaient pas saisi.
Ont-ils chanté, ont-ils dansé, ont-ils joui ?
C'est difficile à dire.
... Avec des maillets, avec des couperets.
Il le fallait. C'était écrit. C'est l'ordre même.

Il y a le rêveur brûlant,
le fauteur de l'inacceptable
justement, on l'a prétendu —
grand cœur qui se veut surpasser,
les larmes aux grottes secrètes.

Pour annuler tout le malheur
au miroir de son sang où le mal
reconnu perdra sa disgrâce,
dans le calice qu'il nous prépare,
l'Amour en le vin embrasé,
nourriture libératrice,
de corps en corps il s'aventure.
Il n'est toi, ni moi, il est l'autre.
Il est toi, il est moi, il s'efface.
Passe-t-il entre les figures
où nous suffoquons d'avancer ?

Ane et bœuf qui nous appliquions
à souffler très chaud sur l'enfant,
rois en chemin, exténués,
qui portions nos dons à l'enfant,
vieil Abraham qui pouponnions
tantôt l'agneau, tantôt l'enfant.
Plus tard — Il s'était fait coupable.
Le grand juge, l'amour aux bras stricts.
Les yeux dilatés dans sa Face,
il se voit faire, il se croit voir
rameutant les os éperdus,
les ajustant aux trous qu'il faut
pour que surgisse au jour prévu
dans la cavité d'origine
parmi les rochers tressautant
l'assemblée des corps blancs debout.

Pais les agneaux. Paix aux colombes.
Gloire, gloire à l'âne fervent.
La mangeoire à dents toujours fraîches
s'est grande ouverte à l'instant où
s'opère le grand sacrifice.
Tous émergent, les os et les côtes.
Ils sont intacts et les Bons crient :
Alleluia.

Bras trop étroits, le fier à bras.
Couronné de sang, mauvais roi.
Petite bête à son papa.
Rira bien... Qui saura, rira.

Ainsi le colporteur sans visage,
déniant la réparation,
dans une salle à l'issue double,
aux jours de foire faisait voir
l'os du veau-martyr dans le bras d'argent.
Les trois œils de bœuf en losange
sous les génoises en cet instant
clignotaient.

... Les nuages se tiennent si francs aujourd'hui
sur la foule dans la campagne.
De grands chiens gaminent par les ruelles.
Les géraniums sont en ordre sur l'éventaire.
La lumière est si franche aujourd'hui,
venue de la croix expiatrice.

... Ils n'ont pas mordu la poussière
dans l'arène, sous la dent des bêtes —
Ah ! Pas ceux-là !
Mais tu les as ordonnés, Seigneur,
selon tes grands desseins
pour entretenir en morceaux friands
leur roi : Nous, pour nous réjouir.
Des corps voués. Des corps nourrissants.
C'est Notre espèce, oui.
Et tu nous as donné encore — c'est bien vrai,
ton sang pour nous ragaillardir.
Tu nous as demandé — c'était le moins !
d'alimenter ta gloire, ô Saignant !

Le sang, la faim, le désir
de soi, l'autre, la guerre.
Les aliments, nos éléments !
L'abîme est déjà dans la prairie.
Toutes entrailles communient.

Chair à pâté, piété dorée.
Du sang remonte par les piliers.
Hosannah ! Hosannah !
Le bois doré est vermoulu, les rats
sortiront de l'autel par le cul.

Tu l'as voulu, mon Dieu : Homme,
tu l'as voulu. Du sang bientôt
rigolera par la trappe.

On se réjouit. On s'y prépare.
Lequel saurait s'en passer ?
Le grand feu, les cris enfumés.
Le garçon hurle, il court tout nu.
Etuve et gril et les chaudrons.
La table et le linge et les chrêmes.
Le feu purifie. L'échaudoir.
Les maillets. Les couperets. Grande eau.
Le plaisir. Les cris...

Dans le gonflement du manteau
de la Grande Mère protectrice —
une grappe de larmes noircies
devient raisin sur son front —
dans cet invisible berceau
que tous les fils ont espéré,
et très haut la rose trémière
entre l'âne qui crie malheur
et nos horizons piétinés,
la Sainte Face pressentie
à travers l'eau qui tremble et fume,
dans le sacré récipient
sur l'autel entre les lys
aujourd'hui va se découvrir.

Nul charnier, ni charogne ici.
Nul déchet, l'odeur en allée.
Tout ce qui un jour a pris peur
à la fin s'éclaircira.

L'eau est pure dans les baquets
comme en la coquille l'eau verte,
comme au coin rural de la ville
l'eau frottée par les racines.

Le laveur des morts est passé.
— Ou bien le boucher parachève !
L'enfant agite la clochette
quand il entend la parole opérer.

La peau lisse, les yeux clos, le lisible
si pâle visage régulier.

Mais le vois-tu, le sens-tu, frère,
par le clapotis du saint vase,
dans sa nuit qui grouille et qui mue
sur l'autel comme un espalier,
non loin des terrines mortes
et des cordes du sang chaud ?

Les veaux, les veaux... Leurs visages !
Chacun se tient dans son assiette —
qui maintiennent par la mort
un sourire sans prévention.

Ah ! Tout fait ventre, Dieu bon, pour ta créature !
Ah ! Tu es nôtre enfin !
Reconnaissance à toi.
Lumière. Bénédiction.

ANDRÉ FRÉNAUD

Saint Aurélien des Bouchers, Limoges,
22 juillet-15 août 1965

BERNARD PINGAUD

LE PARFAIT BANLIEUSARD

Raymond Queneau est un interlocuteur docile. Pourquoi craindrait-il ? Il sait qu'il ne parlera pas. Les autres grands écrivains de sa génération ont tous quelque chose à raconter : Malraux la Révolution et les musées, Sartre la politique, Michaux la drogue et la peinture, Leiris soi-même. Queneau, non. Il a fait de la philosophie et des mathématiques, suivi les cours de Kojève sur Hegel et de Puech sur la Gnose, étudié l'arabe, le copte, l'hébreu, pratiqué la boxe et le judo, joué aux courses et au billard : autant d' « activités marginales ». Sa vie est une suite de hasards dont aucun ne semble l'avoir marqué. De son enfance au Havre, il ne garde que le goût d'un climat pluvieux. De son arrivée à Paris, l'odeur du métro. Il a voyagé, avec conscience sinon avec passion. Il s'est détaché de sa famille sans heurts, comme il convient. Surréaliste pendant cinq ans, il a rompu avec Breton pour des raisons qui n'avaient rien de doctrinal : simple fâcherie personnelle. Son service militaire, sa guerre 39-40 ne lui laissent pas de mauvais souvenirs. Il n'a jamais aimé travailler, mais, puisqu'il faut bien vivre, autant lire des manuscrits ou diriger l'Encyclopédie de la Pléiade que balayer des cours de caserne. Le décor qui l'entoure lui est indifférent : il ne fait attention ni aux lieux ni aux meubles. Bref, un homme qui est à l'aise partout, même s'il ne se sent chez lui nulle part. Il n'a pas vécu, il a « vieilli », comme Zazie.

Faut-il le croire ? De son propre aveu, il dit le contraire de ce qu'il pense. Mais s'il disait ce qu'il pense, ce serait encore le contraire d'une autre pensée. Au début de ses *Entretiens* avec Georges Charbonnier, Queneau nous a mis en garde. Il « n'aime pas parler ». Non pas qu'il soit d'un naturel taciturne ou sauvage. Non pas que l'interlocuteur l'effraie. Ce sont plutôt les mots. Quand il énonce une assertion, l'assertion contraire lui paraît aussi intéressante, et comme il se voudrait, malgré tout, véridique, « (il) souffre beaucoup d'avoir à parler comme ça, parce que, précisément, (il) ne voi(t) pas la limite où se trouve le passage d'un petit peu de vérité à un peu plus de vérité » (1). Imitant le Trouillogan de Rabelais qui ne répondait jamais par « oui » ou « non », il se contentera donc, chaque fois qu'il le pourra, de formules évasives. Parce qu'il est du Havre, on a tendance à considérer Queneau comme un Normand. Pourtant, quand on parle avec lui, on n'a pas l'impression qu'il se dérobe volontairement aux questions gênantes. On croirait plutôt qu'il en attend une autre, qui ne viendra jamais (car toutes les questions sont gênantes) et sur laquelle il pourrait enfin se prononcer clairement. Et peut-être est-ce encore trop dire que de prétendre que les questions le gênent : elles ne le touchent pas, ne l'atteignent pas tout à fait. Sartre, interrogé, tire sur sa pipe, prend son élan, et bâtit une théorie, toujours ingénieuse, presque toujours convaincante. Queneau flotte, tergiverse, minimise. Ou cite rapidement une date, un fait, qui coupent court à toute interprétation. Comme si sa vie elle-même n'était qu'une activité marginale. L'homme qui écrivait, en 1936, dans *L'Intransigeant*, une chronique intitulée « Connaissez-vous Paris ? » n'a presque jamais vécu dans Paris. Il préfère au centre la périphérie : Epinay-sur-Orge où s'étaient installés ses parents après leur retraite, Neuilly où il habite depuis son mariage. « Je suis le parfait banlieusard », dit-il lui-même. Retenons ce mot. La banlieue est un poste d'observation symbolique qui permet à la fois le contact et le recul. Celui qui vit en banlieue n'est jamais vraiment là, ni vraiment ailleurs, mais toujours dans l'entre-deux, dans le va-et-vient. Il écoute, regarde, enregistre. Nul n'y fait attention ; c'est un homme régulier, consciencieux, le fonctionnaire modèle. Et en même temps, quelque chose en lui échappe : le fait précisément qu'il vienne d'ailleurs chaque matin et qu'il y retourne chaque soir. Le fait que vivant dans la ville, il ne soit pas vraiment de la ville, mais seulement un *passager*.

D'où une attitude d'esprit qui ne peut que dérouter l'observateur, car elle unit la réflexion la plus exigeante à une sincère naïveté. Queneau cherche moins à savoir qu'à comprendre. Pareil au mécanicien à qui l'on présente un nouveau moteur, il veut voir comment c'est fait, comment ça fonctionne. Tous les prétextes lui sont bons, puisqu'aussi bien, derrière chaque machine (la philosophie, les langues, les jeux) un même mécanisme se retrouve : le langage. Or le langage, c'est à la fois l'équation mathématique et les ragots des trains de banlieue. C'est la rigueur et c'est le hasard, entre quoi il n'est pas si facile d'établir un lien. La plupart des mots que nous prononçons dans la vie courante ne véhiculent qu'une quantité très faible d'information. On pourrait aisément les remplacer par des chiffres. 1 voudrait

_____

(1) *Entretiens*, p. 14.

dire « je vais bien, merci », 2 « il fait beau », etc... Ces chiffres ne garantiraient pas la véracité des affirmations ; ils serviraient, du moins, à organiser une langue. Parler, avec eux, deviendrait un jeu aux règles précises. L'ennui, c'est que du même coup, le langage perdrait sa saveur, sa diversité, sa richesse, il ne dirait plus rien : ni ce « oui » ni ce « non » hasardeux qui fondent les rapports humains. Le Queneau mathématicien s'intéresse au langage « en tant que jeu avec des règles, disons un jeu de raisonnement » (2). Mais le Queneau naïf n'oublie pas que, faute de hasard, ces raisonnements resteraient vides et que si le langage est un code, ce code doit permettre de dire à chaque moment n'importe quoi. Entre la règle et l'exception, entre la formule vide et le plein du discours quotidien, voilà donc notre homme écartelé. On ne peut pas, à la fois, démonter la machine et la faire fonctionner : ou l'on se tait, de peur de se contredire, ou l'on « cause » et c'est tout ce que l'on sait faire.

Comment sortir de ce dilemme ? En écrivant. « J'ai l'impression d'avoir toujours écrit », dit Queneau, et il précise : « dans l'autre sens du mot écrire, des poèmes par exemple » (3). Entre le poème et le ragot, entre la phrase écrite et la phrase parlée, la différence est à la fois nulle et essentielle. Nulle parce qu'ils emploient (ou pourraient employer) les mêmes mots. Essentielle parce que l'écrit ne relève plus de l'ordre du oui et du non. Il n'est ni vrai ni faux ; il est, tout simplement. Ecrire c'est inventer de nouveaux hasards, c'est en somme « causer » avec rigueur. Du bavardage quotidien, l'œuvre (poésie ou roman, c'est tout un) aura le décousu, la fraîcheur, les surprises, — bref le hasard. Elle se déplacera comme lui en sautant du coq à l'âne, empruntera comme lui tantôt les grandes avenues du lieu commun, tantôt les traverses du calembour ou du pataquès. Elle sera le résumé de toutes les conversations du monde, celles des héros grecs, celles des philosophes et des mathématiciens, celles des banlieusards, des cafetiers et des agents de police. Mais en même temps, elle s'organisera selon les règles d'un autre langage, qui ne se parle pas : les mathématiques. « J'ai toujours pensé qu'une œuvre devait avoir une structure et une forme » (4). Structure et forme, dans le vocabulaire de Queneau, veulent dire *nombre*. Ainsi *Le chiendent* se compose de 91 sections : 7 fois 13. Pourquoi 91 ? Parce que 91 est la somme des 13 premiers nombres, parce que 13 est un nombre bénéfique, parce que le nom et le prénom de Queneau se composent chacun de 7 lettres. On voit que les raisons du choix importent peu : l'œuvre

---

(2) *Ibid.*, p. 56.
(3) *Bâtons, chiffres et lettres*, p. 35.
(4) *Entretiens*, p. 47.

est une machine qui fonctionnera quelle que soit la disposition de ses rouages. L'essentiel est qu'elle ait des rouages : « Il m'a été impossible de laisser au hasard le soin de fixer le nombre des chapitres de ce roman » (5). Mais si la construction du livre ne peut être hasardeuse, c'est précisément parce que le hasard — qui est la vie même — va parler en lui. Il ne s'agit pas de l'abolir : il s'agit de le « former ».

Faite à la fois d'accidents et de calculs, la littérature réussit le miracle de concilier les deux extrêmes du langage : anarchique comme la causerie, ordonnée comme le raisonnement. Le sens et le non sens y font, pour une fois, bon ménage.

A partir de là, on distinguera, dans les recherches de Queneau, deux directions : les unes, s'appuyant sur les mathématiques, visent à fonder une poétique de la combinaison : *Exercices de style, Cent mille milliards de poèmes*, expériences de « littérature potentielle ». Les autres, faisant confiance au donné et cherchant, par le détour d'un langage rigoureux, à récupérer l'infinie diversité de la causerie, aboutissent à ces reconstructions poétiques de la réalité qui s'appellent *Le chiendent* ou *Un rude hiver, Zazie* ou *Les fleurs bleues*. Inutile d'insister davantage puisque les textes qui suivent sont tous consacrés à l'analyse de l'œuvre de Queneau. Il convenait seulement, au seuil de ce numéro, de marquer la place qu'occupe la littérature dans le monde de Queneau. C'est peu de dire, en vérité, qu'elle occupe une place : elle est ce monde, et les singularités de l'auteur, ses silences, ses dérobades ne peuvent se comprendre que par rapport à elle. Car l'entente imprévue que la littérature réalise entre rigueur et hasard, la réconciliation qu'elle opère entre deux formes de langage doivent se payer du prix de la fiction ; et l'œuvre ne peut parler que dans la mesure où l'auteur lui laisse le soin de parler à sa place. Voilà pourquoi Queneau préfère se taire, pourquoi il se tient à l'écart, dans une « banlieue » de l'être à la fois accueillante et réservée, pourquoi il considère sa vie comme une suite de « hasards » et d' « activités marginales ». Dans cette marge, le destin de l'œuvre se joue. Queneau est lui-même le mathématicien qui cherche à rassembler ses hasards sous la loi d'une formule unique. Il ne la trouvera qu'en écrivant, c'est-à-dire en s'oubliant. Quand Trouillogan prend la plume, il cesse d'être évasif. Alors commence, pour lui comme pour nous, la véritable évasion.

BERNARD PINGAUD

---

(5) *Bâtons, chiffres et lettres*, p. 29.

JEAN PIERRE FAYE

CIDROLIN SURSAUTANT

Le duc d'Auge et Cidrolin, on le sait dès les premiers pas dans les Fleurs bleues, se meuvent aussi parallèlement que la pensée et l'étendue dans le patois spinozien. Et comme celles-ci sont les deux attributs parallèles de la Substance absolue, ceux-là sont les deux noms propres d'un même prénom : Joachim. Et, tout à coup, les voici qui paraissent en communication. Ils émettent l'un pour l'autre des sortes de messages, semble-t-il, qui répondent l'un à l'autre en un tournemain, sans en avoir l'air d'ailleurs et sans l'annoncer en rien.

Ainsi le duc d'Auge se promène en forêt sur son cheval parlant (« on lit ça dans les romans de chevalerie »), puis sur l'invite de celui-ci il consent à rentrer, et par un autre chemin. Mais « il sursauta lorsque, quelque temps plus tard, il s'entendit interpeller ; ils traversaient une clairière où travaillaient des bûcherons... Quant à l'interpellation, elle avait pour auteur l'un des boquillons et consistait en ces mots :

— Noble seigneur, ma duchesse de fille se porte-t-elle bien ?
Cidrolin sursauta.
— Et vos frères et sœurs ? demanda-t-il. »

Cela va très vite ici. Tout comme en rêve sur ces hautes cascades et falaises d'où l'on tombe — par un simple tressaut des vertèbres au fond de son lit. Mais il y a autre chose dans les Fleurs bleues : le déclic n'est pas physiologique, qui met en rapport instantané la série Auge et la série Cidrolin. Ce qui les fait correspondre ne se réduit pas au tressaillement musculaire. Sursauter : ce verbe romanesque par excellence, et même rocambolesque, qui est pourtant présent au siècle de Montaigne dans le dictionnaire de Cotgrave, trouve ici une très précise fonction.

Car les héros des deux séries, Auge ou Cidrolin, rêvent volontiers. En rêve ils entrevoient, tout comme le sage taoïste et son papillon, quelques images de l'autre série sans savoir les déchiffrer. Auge le bon duc voit ainsi défiler des houatures devant lui, par milliers, myriades, légions. J'en aperçois dans mes rêves, confie-t-il à l'abbé Biroton. Mais, « comme les récits de rêves ne l'intéressaient pas », il s'ensuivit que l'abbé s'endormit. De son côté Cidrolin rêve aussi. J'en ai fait des rêves, murmure-t-il à Lalix, sa pseudo-fiancée. Mais Lalix refuse résolument de les entendre raconter, affirmant même que c'est mal élevé et malpropre. (Les miens pourtant, soutient Cidrolin, « ça serait un vrai roman », si on les écrivait.) Cependant Lalix consent à raconter sa propre vie, et Cidrolin l'interrompt aussitôt, parce qu'il y reconnaît tout de suite des éléments de l'autre série, celle de son rêve continu : la série du duc d'Auge. Et parce que Lalix l'empêcha de continuer ainsi, c'est lui cette fois qui s'endormit : « le duc se promenait à cheval dans la forêt, silentaire et solicieux. » C'est dans un instant que duc et Cidrolin vont sursauter en même temps tous les deux, chacun dans sa série.

Alors, en fin de compte, c'est l'impossible récit de l'autre série — la série où l'on n'est pas — qui interrompt celle où l'on est. Et fait sauter de l'une à l'autre tout à fait. Si l'on pouvait raconter l'une et l'autre à la fois, réciter la seconde série en restant assis ou couché dans la première tranquillement, il n'y aurait jamais ce *passage* surprenant. La merveille et l'étonnement de vivre tout de même une série (ou en termes plus usités : une « vie ») se dissiperait dans la fadeur du n'importe quoi n'importe où. Mais ici il faut passer, se faire transférer d'un coup dans l'autre contexte ou référent. Rêver franchement sans plus pouvoir raconter que l'on rêvait. Ou bien (la réciproque est vraie), vivre sans trop bien savoir raconter ce que l'on a pu rêver. Chaque série chemine sur cette frontière arbitraire et cette censure comique. Ce qui pourtant fait passer de l'une à l'autre à l'improviste ? Non pas le récit intégral, à la fois « vie » et rêve continu. Mais le sursaut.

Car ces envers qui sont nous, et que d'autres peuvent raconter à notre perpétuel insu, ne nous sont livrés que par saccades, ainsi : lorsque l'impossibilité pour nous de les narrer se fait si évidente qu'elle enraye le récit premier ; tout comme le font aussi les indigestions de Cidrolin. Saturation d'une narration qui suscite le saut, dans l'autre registre. Comme on s'endort ; comme on se met à aimer. (Finalement le duc d'Auge et Cidrolin s'aiment bien, un instant, se rencontrant l'un l'autre sans se déchiffrer.) Jusqu'au déluge qui apprend à toutes ces machines à narrer le plus difficile pour elles — à oublier.

L'allégorie sans clé de Queneau le fabulier en dit fort long, par sautes d'humeur simplement, sur ces transmutations. Plus efficaces, et plus anciennes, que celles de son alchimiste Timoleo Timolei. Elle en dit même malignement plus long que ces belles villas des nouveaux contes bleus, où l'usage mécanique de la contradiction permet aux yeux (verts) d'être brûlants et glacés « en même temps et du même point de vue », comme diraient les vieux-logiciens ; où nulle parole ou opération n'a donc lieu au rendez-vous, qui puisse être qualifiée fausse ou vraie... Or ne jamais en finir avec l'invérifiable, est-ce que finalement ça n'est pas retomber au niveau de sens des plus vieilles mythologies ? (Du moins s'il s'agit d'un invérifiable qui ne se rapporte à aucun point de vue, à aucune *entrée* dans une folle ou précise « machine à entrée »). La fabulation cidrolinienne au contraire, c'est la fable de... la vérification.

Est-il si important que le dit soit vrai ou faux ? Ce n'est sûrement pas Cidrolin qui répondra.

JEAN PIERRE FAYE

YVON BELAVAL

LES DEUX LANGAGES

Enfin, qu'est-ce qu'il a, ce Queneau, à maltraiter ainsi le langage ? Ecoutez-le, regardez-le : car il faut, à la fois, l'écouter et le regarder. Il prend le mot, il le casse, il en bouscule les syllabes, il en soude les terminales à ce qui précède ou qui suit, il lui accroche des liaisons parasites, il le mimographie en bââââillant, il déforme, réforme, informe, phonétise — et l'on doit, pour s'y reconnaître, lire à voix haute, non pas comme le locuteur d'une langue parlée obligé, s'il la voit écrite, de traduire le visuel en auditif, mais, à l'inverse, pour retrouver le visuel de la graphie commune en se servant de l'auditif. Ce ne serait encore rien. Voici plus grave : Queneau semble avoir juré la mort de la langue littéraire et revenir au démotique ; il prononce populo, il s'exprime en populo, il en répète les incorrections et en affecte les entournures gouapes. Il y a plus : par son dédain de l'écriture le petit doigt en l'air, de la formule trop étudiée, trop abstraite, notre auteur donne quelquefois aux critiques l'impression qu'il accepte le tout-venant, et que, sous son chêne, le chien gratte sa mandoline, comme ça, sans se fatiguer.

On dira (Prévert, par exemple) que tout cela l'amuse. Pourquoi ce jeu plutôt qu'un autre ? Et avec qui, pour qui s'amuse-t-il, puisqu'on ne s'amuse pas seul ? Enfin, drôle de jeu, drôle de guerre : on peut rire à une trouvaille, à deux trouvailles, à dix trouvailles, mais l'ensemble n'a rien de gai, au contraire !

On reprendra : il s'amuse sérieusement, en virtuose, par des exercices de style. Oui. Et cette virtuosité n'est pas celle du *Trobar clues* ou, plus tard, des grands Rhétoriqueurs, qui ne mettait en œuvre que des symboles ou allégories traditionnels, codifiés, nobles, empruntés à la culture des Anciens ou à la mystique chrétienne. Pas davantage cette virtuosité ne rejoint celle d'un Mallarmé ou d'un Valéry, attentive au bon ton de la littérature dont elle respecte et exploite toutes les manières : plutôt notre poète y dénoncerait-il avec Breton et Eluard, ses amis d'autrefois, « un terrible concert pour oreilles d'âne ». Au reste, la virtuosité s'accomplit au milieu d'un cercle : or, devant quelle cour — pas même celle de Gallimard — Queneau ferait-il le jongleur ? Il est vrai, certains virtuoses s'exercent dans la solitude : les mathématiciens. Un Malebranche pouvait à la fois s'appliquer aux mathématiques avec le plus grand intérêt et les traiter de bagatelles en regard de la religion. Il y a de cela chez notre encyclopédiste, par ailleurs mathématicien. Ses exercices de style relèvent de la Combinatoire. Ils ne s'attachent pas aux seules propriétés littéraires des mots (euphonie, allitération, préciosité, alliances rhétoriciennes, noblesse dans l'histoire de la littérature, etc.). Ils renvoient à toutes sortes de domaines : philosophie, sciences, ethnologie, linguistique, etc., sur lesquels brillent beaucoup moins, et souvent pas du tout, les rayonnements d'un passé esthétique. Une preuve de l'origine intellectuelle des exercices quenéens, c'est que même les calembours, s'ils tournent en gauloiseries, ne soulèvent jamais des dessous plus ou moins malpropres. Cependant, le mathématicien ne maltraite en aucune façon les objets de la Combinatoire, et Queneau, lui, écrit des livres qui ont pour sous-titres « poèmes » ou « romans », où il maltraite le langage et la littérature. Qu'il y prenne un plaisir sérieux n'explique pas en quoi consiste ce plaisir. D'où vient son aggressivité ? Quel sens attribuer à ses exercices ?

★

Il serait trop tôt pour répondre. Une vue plus complète ne manquera pas d'imposer de nouvelles remarques qui corrigeront les premières.

Et d'abord celle-ci : Queneau demeure soumis aux lois de la grammaire française. Il aurait pu opter pour les mots en désordre ou, du moins, sans liens grammaticaux ; il aurait pu, aussi, pousser jusqu'au lettrisme. Non. Ni les incorrections du parler populaire n'échappent véritablement à la logique de notre syntaxe, ni les éléments de grammaire onirique — condensation, accumulation, juxtaposition, répétition, etc. — que j'ai soulignés autrefois (1) n'affectent la structure *de la phrase*. Le sujet, l'adjectif, le verbe s'accordent toujours entre eux. La syntaxe est notre syntaxe. De combien de manières ne se construirait pas : « Le vingt-cinq septembre douze cent soixante-quatre, au petit jour, le duc d'Auge se pointa sur le sommet du donjon

_____
(1) *Poèmes d'aujourd'hui* (Gallimard, 1964) p. 162.

de son château pour y considérer, un tantinet soit peu, la situation historique », selon qu'on emploierait les constructions de l'allemand, du peuhl, du ouolof, du sanscrit, du chinois, du hopi, et de cent autres langues ? Il aurait été — peut-être — intéressant de faire varier les perspectives linguistiques autour d'un même objet, de le transposer dans d'autres logiques que celle de notre syntaxe. Queneau n'a pas tenté l'expérience. Il ne se borne pas à chercher des effets pour produire des sentiments, il a aussi des idées à transmettre ; le désir de communication intersubjective ne renverse pas l'ordre de l'information objective.

Autre remarque : contre la langue littéraire qui lui paraît morte, il opte pour la langue vivante, il parle peuple : mais ce choix est lui-même un choix littéraire. Il n'a pas choisi du dehors de la littérature, comme le Comte de Caylus, descendant — et condescendant — à la Courtille, s'amusait à faire parler en cocher son cocher, monsieur Nicolas. Il a choisi du dedans de la littérature, comme, autrefois tenu à l'art de la prosodie régulière, le poète peut aujourd'hui préférer le vers libre ou la prose. Céline avait montré l'exemple aux écrivains. Céline se débonde. Queneau calcule. Il suffit d'écouter un enregistrement non corrigé de l'homme de la rue : on appréciera avec quel soin Zazie polit ses expressions, combine ses formules pour imiter le populaire. Le style populo est un exercice de style ; c'est une langue aussi savante que le « traduit du grec » d'Eryximaque et de Socrate sous la plume de Valéry.

Enfin — et ce sera la dernière remarque — lorsque, laissant là romans et poèmes, Queneau se détourne de la littérature vers les sciences ou la philosophie, il change d'écritoire. Il ne maltraite plus les mots. C'en est fini de zazier. Sans doute, toujours auteur, il ne peut s'empêcher de lancer, à l'occasion, un coup d'œil de connivence littéraire : découvre-t-il, dans Bourbaki, une coquille qui fait « flirter » — et non « filtrer » — un ensemble à gauche et à droite, il en note l'humour aussitôt ; montre-t-il deux mathématiciens, l'un au chevet de l'autre, malade, s'entretenant de nombres, il ajoute entre parenthèses — la parenthèse, ô poésie ! est presque toujours un clin d'œil — « c'est là un sujet de conversation comme un autre ». Néanmoins, sans verser dans l'académisme, en gardant même le ton familier, il s'exprime avec correction, très bien, avec une clarté, une aisance qui rappellent les reportages de Nerval en Orient.

★

Alors, quoi ! ce Queneau est double ? S'il traite de science, il

écrit comme un écrivain ; et s'il fait l'écrivain, il calcule comme un savant ? C'est revenir à la question.

Une vieille question. Qu'y a-t-il d'autre de nouveau sous le soleil, que ceux qui regardent le soleil ? De tout temps, on a maltraité le langage : déjà les latins archaïques s'amusaient à casser les mots, Cratyle et les Sophistes jouaient aux étymologies, au double sens ; les jongleurs jonglaient, les Rhétoriqueurs luttaient de prouesses. De tout temps, les écrivains ont exploité les formes populaires — du *Satyricon* à Vadé en passant par les fabliaux, de Caylus à Rictus — et surtout, quand le théâtre l'emportait, dans la comédie et la farce. Quant au sérieux, de tout temps le croyant et le philosophe ont interrogé le langage, l'ont mis à la question : voyez, dans les Upanichad, comme à chacune des trois syllabes de l'*udgîta* on fait correspondre tantôt le souffle, la parole, la nourriture, tantôt le ciel, l'atmosphère, la terre, tantôt trois divinités, tantôt trois recueils de prières. Et la Kabbale ? Quoi ! on accepterait, aujourd'hui, le sérieux des étymologies philosophiques, on approfondirait l'ek-sistence, et Queneau ne mériterait qu'un sourire lorsqu'il propose l'*aiguesistence* du poisson, l'*ogresistence* du homard, l'*eggzistence* du jeune-homme sorti à peine de sa coquille ? Il suffirait d'un « c'est de la littérature » pour que la trouvaille verbale ne tirât plus à conséquence ? Quel préjugé ! Pourquoi, même par l'humour, la littérature ne serait-elle pas aussi une recherche de la vérité ? On dira qu'en littérature cette recherche ne maltraite jamais le langage que par lassitude, chaque fois qu'une société traverse une crise. On citera Sénèque dans sa 114ᵐᵉ Lettre à Lucilius : « Lors que l'âme commence à se dégouster des viandes ordinaires & que ce qu'elle avoit accoustumé, commence à luy devenir desagréable, elle cherche aussi des nouveautés dans le discours. Tantost elle rappelle les mots anciens, & qui ne sont plus en usage, tantost elle en forge elle-mesme, tantost ce qui avoit n'agueres de l'authorité, les hyperboles les plus hardies & les fréquentes métaphores sont considérées, comme les plus beaux ornements de l'éloquence ». En résumé, donc, rien de neuf, et le maltraitement du langage ne fait, comme il l'a toujours fait, qu'exprimer une crise.

Eh bien, soit ! C'est précisément cette crise qu'il importe de déterminer. Quel en est le rythme ? le sens ?

Car le nouveau, l'incontestablement nouveau, réside, non dans l'existence d'une crise — existence et crise sont certainement synonymes — mais dans son rythme, dans ce que l'on a appelé l'accélération de l'histoire. Même brusques, même brutaux comme un accès de fièvre, les changements n'excédaient pas les limites de la nature. Ces limites, la machine qui, désormais, accélère l'histoire, n'en tient aucun compte. Certes, l'homme s'adapte : il téléphone, il suit l'événement lointain à la télévision, il roule sans effort à des vitesses qui eussent épouvanté un cavalier, il mange de nouvelles nourritures, et il vit même plus longtemps. Tout cela développe en lui des sentiments primaires — de violence, le plus souvent — qui, eux aussi, changeant d'échelle, ne sont plus des réponses à la famille, au village ou à la cité, mais à des images de la nation, ou d'une politique qui dépasse les frontières. Cependant, les transformations du monde sont telles que l'homme s'y trouve perdu, pour peu qu'il réfléchisse. Car comment réfléchir ? en quelle langue ? Celle qui transforme le monde n'est parlée que par les savants ; et encore, chaque savant ne connaît-il, à l'intérieur d'une science de plus en plus vaste, que la langue de sa propre spécialité : partout il trouve des frontières. La langue commune ? Mais comment l'ancienne gardienne de nos vérités naturelles garderait-elle un sens dans des sociétés qui s'ouvrent, qui éclatent, et où il semble que, grâce à la science, rien ne soit impossible ? Là où tout devient possible, à quelle vérité se fier ? s'arrêter ? Quels mots fixer ? Quel sens conserver ? Aucun franglais ne permettra de tenir son vocabulaire *au courant* ; aucun jargon emprunté aux sciences par des gens qui n'y entendent rien, n'apportera à la pensée de véritables, de durables précisions. Le langage devient fuyant. Il n'est plus qu'un ruban de sensations mobiles. Un voile d'illusions. Chaque jour il suscite un nouveau simulacre, organise un nouveau mensonge. La Seine perdrait son prestige à s'appeler « inférieure » : qu'on la baptise « maritime » ; le barbier, à s'appeler coiffeur : qu'on l'affuble en « capilliculteur ». Et ainsi de suite. Comment savoir encore à quoi, à qui surtout, le langage pourrait répondre ? Alors, qu'on ne s'étonne plus si le poète, l'écrivain — un Raymond Queneau — perde espoir que son œuvre dure, s'il joue aux mots comme aux échecs, ou s'il laisse « courir ». Sous tous ces jeux et ces calculs, c'est l'homme qui empoigne le langage, le secoue et lui crie : « Parleras-tu, salaud ? ».

Ainsi apparaît le sens de la crise, dans la séparation de deux mondes, de deux langages : celui de l'information scientifique, qui règle nos actions et, de mieux en mieux, soliloque dans des machines à calculer, à traduire, bientôt à inventer ; celui de la communication humaine, en lequel nos désirs ont trouvé leur langue maternelle, du dialogue qui laisse toujours espérer un accord et, par delà tous les accords de la pratique, on ne sait quelle harmonie perdue. Le sens de cette crise ne s'est pas manifesté d'un seul coup : Descartes, collégien, était frappé par le contraste entre la rigoureuse certitude du géomètre et la prétentieuse incertitude du philosophe ; Valéry, qui appartient encore au siècle dernier, est surpris que l'intelligence s'occupe à écrire des vers. Mais, ce contraste, Descartes pense le résoudre ; mais ces vers, peut-être futiles, Valéry continue à leur accorder tous ces soins. Avec l'accélération de l'histoire, la crise atteint une vitesse d'un autre ordre, le sens qu'elle avait jusque là subit une mutation qualitative : dadaïsme, futurisme, surréalisme, lettrisme, etc., le langage est pris à partie dans la littérature. Dans la littérature et non dans la science dont le vocabulaire et la syntaxe progressent régulièrement. Queneau, l'on s'en souvient, ne songe même pas à contester le monde ou le langage du savant : c'est dans le monde et le langage du littérateur qu'il expérimente. Que signifie cette expérimentation ?

Le mathématicien, on le sait, peut inventer *n'importe quoi* ; il peut même, par jeu — Queneau cite l'exemple des triangles latins — vouloir que ce *n'importe quoi* mette au défi l'expérience. Eh bien, jusqu'à présent, l'expérience a toujours relevé le défi : un jour ou l'autre, à la surprise générale, dans tel ou tel domaine du savant, elle s'accorde avec ce *n'importe quoi*. C'est que ce *n'importe quoi* (admettons !) de départ entre dans un tissu de conséquences rigoureuses qui lui donnent un sens de plus en plus précis. Tout se passe en définitive comme si le réel, hors de nous, était véritablement rationnel. Mais en nous ? Que l'on puise au hasard dans le vocabulaire : il n'est pas de mots, pour lointains qu'ils soient l'un à l'autre, entre lesquels le sentiment n'institue aussitôt des rapports significatifs. Aussitôt, non par déduction. Sans règles, et non par construction. Affectifs, et non rationnels. Ici donc le *n'importe quoi* s'avère d'une autre nature que celui auquel s'applique l'algébriste. Carnap proposait comme suite de mots sans signification : « Napoléon est triangulaire ». Or, rien n'est plus typiquement triangulaire que Napoléon, avec son célèbre chapeau, dès que l'on renonce à forger une catène informatrice, pour s'abandonner au jeu des communications. Ce sera même, si l'on veut, un jeu de pur hasard dont les combinaisons ne puissent résulter des prédéterminations du jeu surréaliste, mais, au contraire, les provoquent. Au Collège de Pataphysique, les recherches de l'Oulipo — Raymond Queneau y participe — ont montré que si, en un texte quelconque (on avait choisi le récit de la Genèse), on remplace chaque substantif par le septième substantif qui lui succède dans un dictionnaire français, latin, grec, anglais, hébreu, allemand, etc., l'application de la formule S + 7 donne toujours un ensemble signifiant. Voilà donc un support sémantique qui rend communicants n'importe quels termes ? ou faut-il croire que ce sont les termes qui sémantisent le support ? L'amusement passé, on est pris de vertige devant l'impossibilité de non-sens dont témoigne l'usage affectif du langage. Car cette impossibilité de non-sens ne peut, comme dans le délire d'interprétation, qu'être une preuve de non-sens.

Cette fois, tout se passe comme si, par opposition au monde physique, l'humain, et, par là, très probablement, le sacré étaient, à la lettre, insensés.

Entre l'efficacité effrayante de la langue scientifique et l'inefficacité — souvent combien prétentieuse — de la langue littéraire, entre l'accélération de l'histoire et la permanence du rêve, Raymond Queneau semble avoir cherché un équilibre : d'une part, il s'est inspiré d'un démotique plus près de la vie, et blagueur au besoin (pourquoi pas ?) ; d'autre part, il a voulu se rendre maître et possesseur de l'imagination, non plus par le laissez-faire, laissez-passer surréaliste, mais — dans la lignée des grands calculateurs, comme le mathématicien Dodgson d'Alice au pays des merveilles, ou le joueur d'échecs Raymond Roussel — par l'art verbal combinatoire qui explore, en l'expérimentant, notre réalité poétique et romanesque.

YVON BELAVAL

CHARLES CAMPROUX

DU BLEU

Quand au début du roman (1), le duc d'Auge se pointe sur le sommet du donjon pour y considérer, un tantinet soit peu, la situation historique, sur les bords du ru voisin campaient deux Huns, sur l'horizon se dessinaient les silhouettes molles de Romains fatigués, de Sarrasins de Corinthe, de Francs anciens, d'Alains seuls. Lorsque, à la fin du roman, le duc d'Auge s'approche des créneaux pour considérer, un tantinet soit peu, la situation historique, ici et là, s'épanouissaient déjà de petites fleurs bleues. Tel est le langage de Raymond Queneau. Entre deux Huns, des Romains fatigués, des Sarrasins de Corinthe, des Francs anciens, des Alains seuls, d'une part, et de petites fleurs bleues (il serait plus exact de dire ici : *des* petites fleurs bleues) d'autre part. Et quand les fleurs bleues se seront épanouies bien plus que là et ici, partout, la terre sera toute bleue. On n'y verra que du bleu. L'azur du ciel qu'on dit sans limites. Sur la terre passée au bleu.

Qu'on ne s'y trompe pas. Nous sommes loin de nager dans le bleu : rien n'est moins irréel que la langue de Raymond Queneau. Son armoire linguistique est digne d'un agrégé de grammaire bien placé. Elle est munie de tous les tiroirs possibles. Et il en use, il y puise largement. La langue verte, c'est connu, qu'il l'utilise de toutes pompes, ou qu'il la crée à son goût. Le néo-français évidemment ; sas'sè ! Mais aussi, tout le reste.

La diachronie, par exemple (je puis bien l'employer, ce mot pédant, puisqu'il le fait lui-même) n'a pas de secret pour lui. Je ne veux point parler de la haulte gresse des souvenirs culturels facilement reniflés par tout honnête propédeute : allusions à la philosophie scolasti-

---

(1) Ces quelques lignes, pour essayer de cerner le langage de Raymond Queneau, prennent, pour occasion, le dernier roman de celui-ci : « Les fleurs bleues ». C'est de ce roman que sont tirés les exemples qui, on le devine, auraient pu être multipliés sans peine.

que, réminiscences de Rabelais, de la Pléiade, appel du pied à Jean-Jacques et tout autre sentier heidegerrien ; mais de l'emploi de tournures qui vont de l'archaïsme moyenâgeux à l'expression petit nègre en passant par la syntaxe du passé simple à l'époque classique. La morphologie joue son rôle : mes « chevals » est de l'ancien français ici et non du néo (je ne dis rien de l'effet d'écho pour l'instant) ; et même la dialectologie (puisqu'on est duc d'Auge, on est normand et l'on possède un chatiau comme on porte un chapiau). En fait de vocabulaire, la curiosité de Queneau est sans limites, on le sait. Elle ne se contente pas des termes relativement bien connus, qui permettent de colorer le temps, tels que vuider, ire, occis, embrener, conforter, le queux, rôt, mire, ou de termes qu'un recours aux dictionnaires courants permet de retrouver (vidrecomes, luter, aludel, etc) ; elle ne craint pas de faire revivre des mots de l'ancien français tels que jaëls (prostituées), escreigne (hutte), cute (cachette), même des formes dialectales de l'ancienne langue (le picard boquillon : bûcheron). Il est vrai que ces mots, peu compréhensibles sinon normalement incompréhensibles tels quels au citoyen français moderne et cultivé, non spécialiste, sont toujours présentés avec leur « valeur faciale ». Quand il ne s'agit pas d'un effet particulier (anachronisme voulu, burlesque, etc) Queneau adapte, en bon historien de la langue, son vocabulaire au temps (1264 - 1439 - 1614 - 1789 - 1964 pour nos fleurs bleues). Si on peut s'étonner qu'en 1614, les héros de notre fable vident vidrecomes sur vidrecomes, puisque le mot n'apparaît en français qu'au XVIIIᵉ siècle, il est sans conteste que Raymond Queneau apporte un soin assuré au choix de ses mots de telle sorte que l'anachronisme saute immédiatement aux yeux du lecteur comme un effet de style et non point comme une manifestation d'ignorance. Il est vrai que les connaissances linguistiques de Queneau sont telles que ces effets peuvent échapper au lecteur moyen qui n'a pas toujours sous la main un dictionnaire étymologique. Si vidrecomes en 1614 est un anachronisme, il n'en demeure pas moins un terme qui, en situation de langage (c'est-à-dire tel qu'il est employé là où il est) efface l'anachronisme (dont l'effet en tant que tel est nul en l'occurence) par le recours au jeu de mots rendu possible par la valeur étymologique du terme. Si pour le Petit Larousse un vidrecome est tout simplement un grand verre à boire allemand, il est, pour le dictionnaire étymologique un terme provenant de l'allemand Wiederkommen : retour. Dès lors on comprend que l'expression vider verre sur verre ne vaille pas un pet au dict de vuider vidrecomes sur vidrecomes.

C'est que Raymond Queneau ne dispose pas seulement d'une

armoire aux tiroirs nombreux et bien garnis, tout près de son écritoire ; il sait encore pertinemment passer les denrées que lui offre l'armoire à langue à la moulinette du fonctionnement linguistique. La phonétique lui apporte ses recettes en tous genres : assimilation (la choupe aux choux), dissimilation (voiture devient houatures), adaptations orthographiques (rome pour rhum, vatères pour waters, gueurle pour girl, ouesterns pour westerns, et ce faisant, il vient au secours du système naturel françouès contre l'introduction de systèmes étrangers), abandon des sigles (l'achélème : H.L.M., les céheresses : C.R.S., la esséss : S(écurité) S(ociale), et ce faisant, il rend ses droits au français condroit). Conscient des étroites relations entre la phonétique et le syntagme, Queneau utilise, à bon escient et pour des effets certains, l'unité phonosyntaxique, soulignée (mais non créée) par l'adoption d'une orthographe approximativement phonologique (Stèfstu esténoci : Stèphe se tut et Sthène aussi). S'il connaît la valeur de la phonétique en liaison avec le syntagme, il n'ignore pas davantage combien la phonétique est responsable de bien des à-peu-près, sentences, axiomes, proverbes (une des sources riches du jacassin) et ce n'est pas une simple boutade qui est comme suit, et très justement, énoncée : « et autres prouverbes de vastes salaisons issus du fin fond aussi faux que lorique de la sapience île de françouèse » après les citations de proverbes dus à la fantaisie folklorique du bon peuple de la ville capitale (et à celle, linguistique, de Queneau) : « Si le coq a ri tôt, l'haricot pue trop », « A poisson qui cause, petit cochon rose », etc.

Les lois de l'étymologie et de la sémantique sont également mises à contribution, au moins autant que celles de la phonétique. Il arrive à Queneau d'exploiter directement un article du dictionnaire étymologique (l'étymologie de péniche à partir de l'espagnol pinaça en passant par pinasse ; la concurrence de mouchoir et de mouchenez et le succès du premier « selon les règles les plus acceptées et les plus diachroniques », etc). Mais il sait aussi bien user de la figure étymologique ramenant à un premier sens commun des termes de valeur actuellement divergente (aussi conciliant qu'un père conciliaire). Il joue largement de l'étymologie dite populaire, autrement dit du rôle de l'analogie en sémantique, dont il analyse fort exactement le mécanisme en supposant avec humour que l'expression argotique « con comme un manche » provient de l'interprétation du proverbe : « jeter le manche après la cognée ». Il a le sens exact de la dérivation populaire (si malencontreusement malade dans la langue littéraire) et ses inventions plaisantes ne sont ni gratuites ni artificielles (itamissaester sur le syntagme : ita missa est, des patravefiteors sur l'unité sémantique : pater ave confiteor, l'adulte-napping d'après le kind..., etc).

Sont nombreux les adjectifs dérivés toujours possibles (un pachydermique espoir - une bouillasse égoutière - mélancolieuse - unescale sur Unesco, etc, etc) ; inversement il reprend des substantifs oubliés : taciturnité, épouvantement (encore utilisés à l'époque classique ou au XVIIIe siècle), baignerie et baignoire (qui appartenaient au moyen français).

Le fonctionnement de la grammaire est mis lui aussi à contribution. On joue sur la fonction distinctive du genre. Ce n'est point *un* couple qui entre au restaurant mais *une* couple de clients parce que couple est du féminin quand il s'applique à deux choses de même espèce réunies accidentellement ! Le barbarisme grammatical intervient suivant le plus correct mécanisme de la morphologie (on dit : mangeons/mangèrent, on dira donc : beuvons/beuvèrent). La réflexion s'étend aux équivalences fonctionnelles par-delà « la grammaire française si douce... si pure... enchanteresse... ravissante... limpide » à laquelle « il ne faudrait plus croire » et l'on nous donne sur-le-champ un exemple : « c'est *en* été. Ou *en* printemps. Ou *à* l'automne. »

L'onomastique, elle-même, apporte son dû. Evidemment dès qu'on se promène en domaine de langue d'oc, les noms de lieux sont en *ac*. Le caractère devenu arbitraire du patronyme est souligné : Cidrolin, c'est aussi bien Dicornil, ou encore mieux Dupont. Par contre, la valeur du sobriquet est maintenue, même si l'on a recours à une racine et à un suffixe grecs : la servante-fiancée bavarde s'appellera Lalix. On sait que l'hypocoristique est souvent constitué par la première partie d'un nom ou d'un prénom : le cheval du duc d'Auge se dénomme Sthène mais familièrement Démo ! On redonne au nom pétrifié sa valeur constitutive première et Montalembert devient Le Mont-à-Lambert (à-peu-près pour l'étymologique et sérieux Mont-arambert). Un évêque in partibus ne peut être qu'un évêque en -polis (évêque in partibus de Sarcellopolis). Un duc qui se camoufle dans la roture choisit un nouveau patronyme qui a toutes les apparences, racine et suffixe, d'un ancien nom de baptême d'origine germanique et nous avons affaire à monsieur Hégault. Etc, etc.

« Si l'on s'écrie livresque ! livresque ! je n'y contredirai pas » écrit Queneau. La « situation historique » linguistique de Queneau est faite de tous « les restes du passé » possibles « traînant çà et là, en vrac » et de toutes les potentialités de la « couche de vase » toujours présente où se démangent les semences naïves (fleur-bleument germinantes) de toutes les fleurs bleues. Mais la richesse contenue dans les tiroirs de son armoire à langue, la curiosité étendue à toutes les disciplines et techniques de la linguistique, ça n'explique pas comment fonctionne le langage de Queneau. Pas comment on germine des Francs anciens aux fleurs bleues. Pas comment ce qui peut passer pour livresque devient livre. Ce fonctionnement est le même dans Les Fleurs bleues que chez Zazie ou dans la Petite Cosmogonie. Dans son dernier roman (roman ?), le registre linguistique est simplement un peu plus étendu.

Evidemment l'automatisme surréaliste joue un grand rôle, à condition de bien s'entendre. Il ne s'agit pas d'une quelconque association d'idées, signe d'une inspiration inconsciente (est-ce possible ?), mais du jeu de tous les procédés linguistiques les plus légitimes, volontairement (et d'un) livrés à eux-mêmes (de deux). Il serait long de les énumérer. D'ailleurs les exemples sont simples et connus, de la contrepéterie à la métaphore, surprise ou cocasse. J'en donnerai un seul, plus subtil, parce que l'automatisme porte simplement sur l'introductif le plus court de la langue française : « tout ce petit monde dormait... non pas à la belle étoile car le ciel était couvert, mais à la fortune du pot. Le pot commença bientôt à se déverser et la pluie... ». En réalité il est question, essentiellement, du règne de cette grande loi qui règle le langage : l'analogie, qu'il s'agisse de phonétique, d'orthographe, de morphologie, de sémantique ou de syntaxe. Dans le langage normal, celui que nous apprenons pour bien écrire, l'analogie respecte la tradition de la langue et n'intervient qu'en obéissant à la logique fonctionnelle. Le langage normal vise à la communication exacte et tend à se présenter comme une algèbre à quoi obéit le mécanisme bien réglé. Or la réalité se réduit difficilement à une algèbre, malgré les tentatives des générations de taupins qui ont essayé de mettre en équation les charmes de la fille du concierge. La faiblesse du langage, malgré les efforts de tous les grammariens et de tous les philosophes, est de demeurer, au regard de l'expression du réel, « multi-frons », précisément à cause de la toute-présence de l'analogie. Sa faiblesse au regard de la prise de l'homme, qui pense ou s'efforce de penser, sur le réel, s'entend. Sa richesse au sens du poète qui, comme l'enfant curieux, épris de découvertes sans fin, ne voit dans ces possibilités multifrontales que le jeu d'un merveilleux kaléidoscope. Moins c'est exact, plus c'est riche. Epanouissement de fleurs bleues à l'infini. Quel miracle de découvrir, à travers les brisures de la norme propre à la langue, que la parole en liberté, jouant de toutes les ressources de cette langue, *mais en tous sens*, comme une boussole affolée par des gisements de minerai mystérieux, nous découvre que tout n'est qu'apparence, absurdité enchanteresse, surtout quand l'absurdité ressemble comme jumelle à la logique. Miracle merveilleux, car si tout n'est qu'apparence, toute apparence peut être apparence de tout, et donc connaissance de tout. Quelle plus infinie jouissance de rêver que celle de rêver à travers le langage en folie. « Voyez, dit le duc. Rien n'est normal. » C'est donc que tout est normal mais que tout est sans cesse à recréer. Pourquoi donc une espadrille ne servirait pas à mettre à mort le toro ? Pourquoi pas puisque telle est la « valeur faciale » du langage qu'il permet de se mouvoir simultanément dans des mondes qui n'ont de limites que mon imagination. Pourquoi le langage qui dispose de telles puissances, ne servirait pas magnifiquement à ces dialogues de sourds qui sont la mousse du jacassin et de l'éternel passant repassant ? Pourquoi le cheval Stèphe ne rongerait-il point son frein à l'idée d'être monté par un ecclésiastique ? Pourquoi la ténèbre d'une grotte où se trouve le grotesque abbé Riphinte ne serait-elle pas grottesque ? Pourquoi les couples qui pratiquent le bouche à bouche ne feraient-ils pas eux aussi de la languistique ? Pourquoi le ciel ne grisonnerait-il point ? Et pourquoi les fleurs bleues ne s'épanouiraient-elles pas sur la couche de vase et pourquoi un jour le philosophe ne sonderait-il point ses mystères propres à la façon de Queneau ? D'ailleurs les philosophes ne nous font-ils pas le plus souvent voir que du bleu ? Leur petite fleur bleue à eux. Homère parle des paroles ailées qui franchissent la barrière des dents. A travers les quenottes à Queneau elles s'envolent, en tous sens, les paroles zélées. Drôlement zélées, car, sous l'apparence de la calembredaine et du calembour « il contrôle tout, ce critique zélé. » Rien n'est moins gratuit que le langage de Raymond Queneau. Ne servirait-elle qu'à faire réfléchir sur les problèmes de la langue et de la parole, l'écriture de Queneau serait précieuse. Il se trouve que, de plus, elle crée pour nous un univers merveilleux à l'aide seule de la clef des mots. Et c'est tout un azur éBLEUissant qu'elle ouvre aussi bien sinon mille fois mieux que l'autre.

CHARLES CAMPROUX

FRANÇOIS CARADEC

LECTURES D'UNE ENFANCE

> — A quel âge avez-vous senti que vous quittiez l'enfance ?
> — Je ne l'ai jamais senti.
>
> (*Conversation avec André Gillois, 1949*).

Tout poète a son mot aimé, fréquent et familier, que l'on pourrait dire sa devise, note Alfred Jarry dans une petite plaquette de souvenirs sur Albert Samain.

S'il est vrai que tout écrivain possède son trousseau de mots clefs, ou, pour dire comme le facteur Cheval, « son petit contingent », Raymond Queneau ne peut masquer ce qu'il doit à son enfance.

Observateur, certes, mais à la manière des enfants, collectionneur de mots, de phrases entendues et de bouts d'écrits, passionné de petites constructions et de grandes structures, il a fait de ses jeux d'enfant une œuvre qui n'est pas un jeu : ce serait sinon remettre en question l'ici présent miroir où se scrutent le lecteur et l'écriveur.

D'une leçon bien apprise, nous savons depuis nos premiers bâtons que Raymond Queneau ne fut pas un élève assidu aux cours du soir du Surréalisme. Dans le « Mode d'emploi » des *Cent mille milliards de poèmes,* une précision : « C'est plus inspiré par le livre pour enfants intitulé *Têtes de Rechange* que par les jeux surréalistes du genre *Cadavre exquis* que j'ai conçu — et réalisé — ce petit ouvrage. »

Mais je suis bien certain que ces albums de « Têtes folles » ne sont pas les seuls jeux d'images et de mots dont Raymond Queneau se souvienne.

Les manuels scolaires jouent, eux aussi, un rôle dans nos souvenirs. Mots aimés, fréquents et familiers : Grammaire et Exercices de style, Bucoliques et Georgiques (traduction juxta-linéaire), petite Cosmogonie portative. Pour l'enfant amoureux de cartes et d'estampes, un atlas Gallouédec en son cartable peut être égal à son vaste appétit.

Ouvrons *Chêne et Chien* (1937) :

A l'école on apprend bâtons chiffres et lettres
en se curant le nez.

(D'autres gestes naturels m'ont attiré quelques coups de règle sur les doigts).

C'est précisément derrière ce titre de manuel scolaire pour les classes maternelles et le cours préparatoire (première année), *Bâtons, chiffres et lettres* (1950), que, dès la première page, Raymond Queneau va se justifier :

« Je pense que tout dut commencer avec des journaux comme *l'Epatant* et leurs *Pieds Nickelés.* »

Les voilà bien déjà, les mauvaises lectures ! A peine sa famille décide-t-elle de mettre le petit Raymond au Lycée du Havre (ville transatlantique que choisissait la Famille Fenouillard pour « visiter des bateaux »), que paraissent les premières aventures de Filochard, Croquignol et Ribouldingue (1908).

Je comprends que Raymond Queneau prenne alors le ton de la justification et du remords de l'enfant coupable : tout dut commencer, et commencer mal, car *l'Epatant* et ses *Pieds Nickelés* ne furent jamais vus d'un très bon œil par les familles bourgeoises soucieuses des lectures de leur progéniture. Non seulement les Pieds Nickelés s'exerçaient alors dans *l'Epatant* à des actes joyeusement répréhensibles, mais leur langage n'est pas de ceux que l'on aime à entendre dans la bouche de son petit garçon (1).

Heureuse liberté de l'école : une complicité nombreuse met à la portée de tous l'expérience des frères aînés mis en commun, les lumières tragiques de l'éducation sexuelle et la connaissance de la langue, — tabous des alcoves et des conversations d'adultes.

Il nous a fallu attendre 1959 pour que Raymond Queneau lui-même autorise Zazie à parler ce langage enfançon...

Dans ce roman du désir enfantin, désir de petit havrais de visiter la capitale et ses mirages, mes enfants se sont bien reconnus : un film de cinéma leur a facilité l'accès à l'œuvre du Libérateur. Les conversations familiales en sont devenues plus aisées.

Je me demande (préjugés ?) ce qui retient la Librairie Hachette de publier *Zazie dans le métro* dans la Bibliothèque Rose.

Raymond Queneau n'est pas seulement notre comtesse de Ségur, née Rostopchêne, moins russe et plus tendre. J'entends montrer que son œuvre n'est qu'une longue quête de son enfance.

---

(1) Livresque ! Livresque ! Tout autant qu'Henri Monnier et que Jean Rictus : il suffit de relire *La Bande des Pieds Nickelés*, 1908-1912 (Azur, 1965).

Il devait, — instant fatal de la soixantaine, — retrouver en mémoire un autre jeu florissant dans les classes secondaires, l'anachronisme moyenâgeux des *Fleurs bleues* (1965, tout juste), dont la première page donne la clef du roman.

Le duc d'Auge se pointe sur le sommet du donjon de son château pour y considérer, un tantinet soit peu, la situation historique. Ces *restes du passé* sont de la même famille que la suite vadrouillante du baron de Cramoisy qui, du haut de la tour Nord, fait sonner le bourdon d'alarme (2).

Doukipudonktan, s'étonne le tonton Gabriel. *Koikiia ?* interroge la sentinelle (assez gauchement, mais c'est « en langage de l'époque ») à l'appel du baron de Cramoisy.

Un douanier (en intervenant, dans *l'Idée fixe du savant Cosinus*, il n'avait pas encore eu connaissance des travaux langagiers de Raymond Queneau) avait déjà posé la question métaphysique : *Kekcédonkça ?*

On népa zabitué, sétou, fait remarquer Raymond Queneau.

Mais je saisis la nuance à la main : où Christophe encaque les mots pour mieux traduire en pâté démoulé la vulgarité de la fonction et du personnage, Queneau en note le débit (Sprechtempo : *Gzakt. Lagoçamilébou*) et traite sémantèmes comme ne sont que morphèmes, au risque (?) d'attirer sur les lèvres du lecteur un sourire : c'est une chance à courir. En un autre temps, l'ortograf (e) fonétic a fait franchement rigoler les collaborateurs du *Chat Noir* (Verlaine à Duvigneaux, le 3 janvier 1891 : *E coi vréman, bon Duvignô, / Vou zoci dou ke lé zagnô / E meïeur que le pin con manj*, — et le numéro du *Samdi 25 févrié 1893*, en son entier).

Christophe a illustré Willy : il préfère les à-peu-près (rencontre *d'un nain vert sans barbe* invraissemblable dans la bouche du Sapeur) qui sont aussi les jeux d'une enfance à la découverte des cuirs des adultes bavards, appartenant peut-être en propre à Henri Monnier et à Vadé ; *je ne sais pas-t-à qu'est-ce*, dit Camember au tondeur de chiens.

Entre Queneau et les humoristes du XIXᵉ, évitons-nous le rouge de la confusion.

Voici donc que, lisant, le lecteur se surprend à promiscuiter ses propres souvenirs de lecture à ceux de l'auteur. Sans doute ces souvenirs sont-ils les mêmes (3). Dès que nous évoquons, *cuique suum*,

---

(2) *Le baron de Cramoisy*, album inachevé de Christophe, paru en épisodes dans *le Petit Français illustré* entre 1900 et 1902, a été publié à la suite de l'édition du *Sapeur Camember* du Club du Meilleur Livre, 1958.

(3) Les lecteurs de Jarry avaient lu Töpffer ; ils lisent encore Rabelais.

Christophe et Queneau, le baron de Cramoisy et le duc d'Auge, son pair, c'est bien de Culture qu'il s'agit.

Nous voilà débarassés du préjugé des petites madeleines et des mouillettes. En ces romans quenelliens, rien ne nous surprend, car nul ne cherche à nous surprendre.

A la récréation, nos petits camarades ont tôt fait de créer des sobriquets cocasses en martyrisant les noms de nos familles (ou ne conservant sournoisement que nos initiales). Nous avons joué ainsi aux anagrammes durant les heures d'études. Et par la grâce de l'un des premiers jeux des classes secondaires (l'étymologie des noms de personnes), on veut alors, oui ou non, se savoir chêne ou chien : plus nombreux qu'on ne croit sont ceux qui choisissent.

Privilège du jeudi, Luna Park, aujourd'hui disparu, fut, dans les rêves d'enfance, ouvert tous les jours de la semaine : la semaine des quatre jeudis. Il n'existe plus pour le lecteur comme pour l'auteur, qu'une seule ville intacte, eût-elle été rasée par les bombardements ricains, et c'est la Ville Natale, et qu'une seule chanson, mon ami Pierrot. Fête perpétuelle, la Saint-Glin-Glin autorise l'iconoclasme juvénile sur la place publique, la *toupiole* signalée par Van Gennep, ou de *faire casse-podick* (Finistère) en brisant à coups de bâtons les vieux pots, voire la vaisselle de luxe au fusil-mitrailleur ou, en 48, à la mitraillette.

Rôle capital, et combien difficile à tenir, dans la littérature contemporaine, Raymond Queneau ne délivre aucun message. Aussi est-ce un écrivain difficile. C'est à ce prix que notre paradis perdu nous est en ses œuvres perpétuellement retrouvé.

— J'ai vieilli, se décide à reconnaître Zazie.

Il n'est pas commun de rencontrer une œuvre qui nous livre aussi jeune, aussi fraîche, aussi gourmande, la saveur de la mort.

FRANÇOIS CARADEC

ANNE CLANCIER

LE MANUEL
DU PARFAIT ANALYSÉ

L'œuvre de Raymond Queneau m'a toujours fait penser à... un oignon. En effet dans chacun de ses livres on peut trouver diverses significations superposées et dépouiller chaque enveloppe comme on enlèverait les feuilles d'un oignon pour arriver à une signification plus profonde.

Raymond Queneau a de grandes ambitions bien que cela n'apparaisse pas à première vue dans ses romans à l'aspect cocasse ou bon enfant. Il met en scène des personnages simples, au langage populaire, mais il aime la recherche des mystères du monde, de l'énigme de l'homme et de Dieu. C'est sans doute pour cela qu'il se penche tour à tour sur toutes les sciences : mathématiques, sciences naturelles, anthropologie, etc... Il essaie constamment d'exprimer dans ses œuvres soit une cosmogonie, (telle « la petite cosmogonie portative » présentée sous une forme pleine d'humour), soit une « weltanschauung ». Mais s'il a une haute ambition spirituelle, il a aussi une extrême pudeur et c'est pourquoi il dissimule son but derrière des apparences anodines et souvent comiques. Il nous a déjà donné différentes œuvres dans lesquelles, sans en avoir l'air, les sciences que nous venons d'énumérer sont le ressort caché de l'action. Avec « Les fleurs bleues », il nous dévoile une véritable psychanalyse.

S'il avait déjà dans plusieurs œuvres utilisé les découvertes de Freud (ainsi dans « Chêne et Chien », il nous donnait le récit d'une expérience psychanalytique), ici il nous fait assister, sans nous avertir, à l'évolution d'une psychanalyse menée jusqu'à son terme, tout en situant l'esprit humain dans une double perspective structurale et historique.

Alors que tant de personnes font étalage, souvent en termes

pédants, d'un pseudo savoir psychanalytique, Raymond Queneau, sans tambours ni trompettes, fait preuve d'une connaissance authentique et profonde de la psychanalyse. Chaque page de son livre est riche en associations d'idées, en symboles, dont nous ne retiendrons que quelques exemples.

Veut-on voir comment Raymond Queneau illustre la métapsychologie de Freud ? Le pauvre petit Moi-Cidrolin partagé entre les pulsions du Çà-ci-devant duc d'Auge, et la sévérité du Surmoi qui lui fait craindre un châtiment terrible pour ses désirs, ne sait comment se tirer de ses difficultés. Si pendant son sommeil il s'abandonne à ses instincts et se montre paillard et meurtrier, il est pris de panique à son réveil. Aussi a-t-il trouvé ce compromis qui consiste à s'accuser des crimes commis en songe, en peignant des graffiti insultants sur sa porte. Quels sont ces crimes dont il s'accuse ? Les deux lettres A et S qu'il efface nous font deviner qu'il s'agit du mot assassin. Nous ne le saurons clairement qu'à la fin du livre. Ayant été acquitté par la société d'un crime qu'il n'avait pas commis, il a trouvé sa peine de prison trop légère car lui se croit criminel. L'homme est un être de désir, ses désirs lui paraissent aussi coupables que des actes, fussent-ils très anciens, préhistoriques par rapport à sa propre histoire (celle qu'il connaît consciemment). C'est pourquoi Cidrolin s'astreint à ce travail de Pénélope qui consiste, pour se punir, à repeindre chaque nuit les graffiti qu'il effacera chaque matin. En outre il est inhibé, il n'ose pas agir. C'est pourquoi il vivote en buvant de temps en temps de l'essence de fenouil. Cette situation devenant sans doute intenable, Cidrolin-duc d'Auge a dû se décider à entreprendre une psychanalyse.

Le voici, nous semble-t-il, sur le divan du psychanalyste et, dès la première page du livre, il commence à se livrer à cette méthode d'associations d'idées libres ; l'inconscient utilise souvent les calembours, et Queneau ne s'en prive pas pour nous montrer le début du processus. Un des buts de la psychanalyse étant de se connaître soi-même, Queneau nous explique d'emblée la situation : il s'agit de considérer « un tantinet soit peu la situation historique. Elle était plutôt floue, des restes du passé trainaient encore çà et là en vrac », et ce sont ces restes de passé que le personnage veut rassembler. Il ne l'entreprend pas sans quelques réticences et récriminations : « tant d'histoire, dit le duc d'Auge au duc d'Auge, tant d'histoire pour quelques calembours, pour quelques anachronismes, je trouve cela misérable. On n'en sortira jamais ».

Nous voyons là sa résistance aux interprétations du « psychanalyste » dont le rôle est tenu selon les moments par tel ou tel personnage, notamment le cheval Sthène. Pour ne plus donner prise à ces

interprétations, il se surveille : « fasciné il ne cessa pendant quelques heures de surveiller ces déchets, se refusant à l'émiettage ». Puis il se décide à continuer son voyage à l'intérieur de lui-même, mais il n'est pas très content de ce qu'il découvre en compagnie du psychanalyste, malgré les encouragements de celui-ci :

« — Courage Messire, courage, mettez-vous donc en selle, que nous allions promener... où Messire voulez-vous que je vous emmène ?

— Loin, loin ! Ici la boue est faite de nos fleurs. »

Et voilà l'apparition des fleurs bleues, nous ne les reverrons qu'à la dernière ligne du livre.

Nous comprenons pourquoi Cidrolin-duc d'Auge a peur. Il craint que ces innocentes fleurs bleues (symbole du personnage qu'il voudrait être) soient souillées, flétries, détruites, par ce qu'il va découvrir, et qu'à la place de ces fleurs il n'y ait plus que de la boue. Il a peur, mais encouragé par le psychanalyste, il continue ce rude voyage. Il utilise surtout pour cela l'analyse de ses rêves, non sans une certaine appréhension. Il explique dès le début sa position : « Il y a des rêves qui se déroulent comme des incidents sans importance, de la vie éveillée on ne retiendrait pas des choses comme çà et cependant ils intéressent lorsqu'on les saisit au matin se poussant en désordre contre la porte des paupières. Peut-être ai-je rêvé ? »

Raymond Queneau sait bien que l'inconscient n'est pas univoque et qu'il est lui-même sujet à des conflits, il illustre cela en répartissant sur divers personnages les différentes parties de l'inconscient. C'est ainsi qu'à certains moments l'Abbé Biroton représente la censure qui s'exerce même sur les rêves : « Onésiphore Biroton était un abbé de choc ; si le duc lui flanquait un coup de pied, il en rendait deux »... Aussi le duc d'Auge lui demande entre autres questions « ce qu'il pense des rêves » à quoi l'abbé Biroton lui répond : « Il y a deux sortes de rêves, les uns viennent de Dieu, les autres du Diable » ; et lorsqu'il entre dans une explication à ce sujet il aborde la question du symbolisme des rêves :

Duc d'Auge : « — Comment les distingues-tu ?

— Moi je ne les distingue pas.

— C'est pourtant facile. Si on voit le ciel, des anges ou même des oiseaux, à condition qu'ils ne soient pas de nuit, le rêve vient de Dieu ; si l'on voit des flammes, des démons ou même simplement des animaux rampants et tout spécialement des serpents, alors le rêve vient du Diable. »

Mais ces symboles sont trop clairs et la censure s'exerce encore sur eux.

« Le plus souvent, dit le duc d'Auge, si je puis en juger par mon expérience propre, les rêves n'ont pour objet que les menus incidents de la vie courante. Alors, ceux-là, bouffre, sont-ils du diable ou de Dieu ?

— Ni de l'un ni de l'autre, ils sont indifférents, positivement indifférents. »

Queneau exprime ainsi une des résistances bien connues à l'interprétation des rêves. Tout au long de son livre, il nous donne encore des illustrations de la « Traumdeutung » (1) :

« — Pourquoi ne pas raconter ses rêves, dit Cidrolin ?

— C'est mal élevé, dit Lalix.

— La première fois que j'entends ça.

— Vous voyez, dit Cidrolin, quand vous m'avez dit qu'il ne fallait pas raconter ses rêves, j'ai cru que c'était à cause de la psychanalyse et des psychanalystes.

— La quoi ?

— La psychanalyse. Vous ne savez pas ce que c'est ?

— Non.

. . . .

Alors, dit Lalix, ce truc dont vous me parliez tout à l'heure. A propos des rêves.

. . . .

Eh bien, dit Cidrolin en mâchant laborieusement son sandouiche, ce sont des gens qui interprètent les rêves. Et ça va loin. Ils découvrent le fin fond des choses. Enfin des gens. Alors il y a justement des gens qui se méfient, qui ne veulent pas qu'on découvre leur fin fond, alors ils ne racontent plus leurs rêves. »

Un peu plus loin, Raymond Queneau rapproche le rêve de la création littéraire :

« Méfiez-vous des (histoires) inventées. Elles révèlent ce que vous êtes au fond. Tout comme les rêves. Rêver et révéler, c'est à peu près le même mot. »

Et voilà Cidrolin-duc d'Auge, lancé dans cette grande entreprise. Il revit certaines étapes historiques de sa vie.

Pourquoi Queneau nous a-t-il donné ces dates repères ? Sans doute pour nous montrer d'une part que le temps n'existe pas pour l'inconscient, d'autre part que l'homme contemporain a la même structure psychique que l'homme des cavernes et que la civilisation ne consiste pas à détruire les tendances instinctuelles mais à les policer, à les transformer ou, en termes psychanalytiques à les sublimer.

Voyons rapidement ces diverses étapes :

---

(1) S. Freud, *La science des rêves*, traduit par I. Meyerson, PUF 1950.

1264 : c'est la révolte contre le père (le roi Saint-Louis).

1439 : cette phase se poursuit et se précise, le dauphin (futur Louis XI) s'allie un moment au duc d'Auge pour essayer de détrôner le roi. On peut voir ici une allusion à la phase œdipienne, étape capitale, que tout enfant doit franchir pour devenir un adulte. Nous voyons évoqué ici également le problème de la jalousie fraternelle (les petits enfants mis à mort par Gilles de Rais).

1614 : l'année centrale par rapport aux autres dates de ce livre, est une date cruciale : celle de la publication de Don Quichotte, or c'est bien une épopée analogue que Queneau a voulu écrire. En effet, le livre de Cervantès est une de ces œuvres qui, comme celles de Sophocle ou de Shakespeare, ont exprimé le drame de l'homme en proie à ses désirs et à sa culpabilité tel que Freud a pu le saisir. Sur un plan historique, ce sont des psychanalyses avant la psychanalyse ; les intuitions des grands créateurs n'ont pas été étrangères aux découvertes freudiennes, elles ont montré à l'homme de culture qu'était Freud la voie dans laquelle il devait s'engager.

Dans Don Quichotte, comme dans « Les fleurs bleues » les divers éléments de la personnalité humaine sont représentés par des personnages différents : le Duc d'Auge, Cidrolin, Mouscaillot font écho à Don Quichotte et Sancho Pança, et les chevaux Sthène et Stèphe font pendant à Rossinante et à l'âne de Sancho.

Il est une autre œuvre qu'il est impossible de ne pas évoquer en lisant « Les Fleurs bleues », c'est « La vie est un songe » de Calderon, drame du désir et de la réalité. Un petit indice nous permet de supposer que Queneau y a pensé : un des personnages des « Fleurs bleues » s'appelle Sigismonde, le héros de « La vie est un songe » se nomme Sigismond. Notons au passage que Queneau a sans doute voulu montrer l'ambiguïté des imagos dans l'inconscient en donnant aux filles de Cidrolin des noms masculins féminisés : Bertrande et Sigismonde, et à leurs époux des noms féminins masculinisés : Yoland et Lucet.

1789 : la révolte du peuple de France contre le Roi-Père commence, elle aboutira au meurtre de celui-ci. Après avoir exprimé sa rancune à l'égard du roi, le Duc d'Auge va méditer dans un cimetière. Il est permis de penser que Queneau fait ici une allusion à Hamlet, une des plus célèbres dramaturgies de l'Œdipe.

Joachim d'Auge ne veut pas se reconnaitre la moindre part de responsabilité dans le meurtre collectif du roi, aussi après avoir tué son alter ego, Mouscaillot, il va se lancer dans une entreprise de dénégation des désirs de son enfance (sa préhistoire) ; il ne veut pas appartenir à la race d'Adam qui a violé la Loi du Père, et dans une tentative proche de celle de Jean-Jacques Rousseau, il voudrait trouver à l'aube de l'humanité, comme de l'individu, une innocence originelle.

C'est à ce stade de l'analyse que le patient amorce des possibilités de sublimation dans une activité créatrice :

« ... — En dehors des courses de taureaux je ne vois guère de distractions pour vous, Joachim.

— Je peindrai.

— ... Et comment cette idée vous est-elle venue ?

— En rêve... La plus jeune de mes filles revenait de Rome et me racontait qu'elle y avait vu la chapelle Sixtine et je me disais en moi-même : et « moi aussi je suis peintre. »

La psychanalyse est presque terminée, le Duc d'Auge et Cidrolin peuvent maintenant se rencontrer.

Le Surmoi féroce Labal, le redresseur de torts plus terrible que la justice sociale, celui qui juge selon l'antique loi du talion disparait sous les décombres du mauvais édifice de la névrose.

Un Surmoi plus souple, un Moi fort qui accepte les pulsions du Ça parce qu'il sait qu'il peut les intégrer et les sublimer, voilà ce qu'un sujet en analyse peut attendre du traitement, et c'est ce que Raymond Queneau a accordé à son personnage. Labal et Cidrolin peuvent disparaitre, la personnalité est unifiée, Joachim n'est plus le Duc de l'auge aux pourceaux, mais le Duc d'Auge en Normandie, il a vaincu ses inhibitions, il peut couper les amarres de l'Arche. Il est désormais le seul maître, après Dieu, à bord de sa péniche. Il peut laisser dormir dans la cale les témoins du monde du péché, il n'a plus peur du déluge, il peut voguer vers le terme de son voyage analytique, là, du haut d'un donjon, il verra cette fois les petites fleurs bleues sortir de la vase.

Tout au long de cette fable, Raymond Queneau nous a montré, dans un jeu de miroirs, que chacun de ses deux héros était le rêve de l'autre, exprimant ainsi la dialectique subtile du conscient et de l'inconscient. A nous de deviner la moralité : on a longtemps cru qu'au commencement de l'homme était l'innocence ; Raymond Queneau nous révèle, sans sécheresse et sans rhétorique, qu'au commencement était la boue, mais que l'homme peut, s'il a le courage d'assumer son destin dans sa totalité, de la boue faire surgir les fleurs bleues de l'innocence.

ANNE CLANCIER

FRANÇOIS LE LIONNAIS

QUENEAU ET LES MATHÉMATIQUES

Je déjeunais l'autre jour chez Raymond Queneau. Au moment de prendre congé il me tend un bout de papier sur lequel est écrit le nombre 13 393 939 991.

« Regarde-le — me dit Queneau — cela t'intéressera. C'est un nombre *hyperpremier*. Il s'agit d'une nouvelle classe de nombres entiers que je viens d'imaginer. En voici la définition. En convenant de considérer 1 comme premier, j'appelle *hyperpremier à droite* un nombre tel que si on lui enlève autant de chiffres que l'on veut à droite, la partie qui restera à gauche sera toujours un nombre premier. Les nombres *hyperpremiers à droite* sont en nombre fini. Voilà le plus grand. Il a été calculé par M. Starynkevitch à l'aide d'un ordinateur électronique CAB 500. » Ces nombres ont en somme la même structure que des oignons.

Les nombres premiers exercent sur Queneau une véritable fascination (1). Plus généralement la Théorie des Nombres. Plus généralement encore les mathématiques, toutes les mathématiques, aussi bien dans leurs aspects mineurs que dans leurs incarnations les plus abstraites, les plus générales et les plus récentes.

Nous avons fait connaissance en 1942 et — en dehors des guerres, déportations, maladies et voyages — nous nous voyons assez souvent. Je ne l'ai jamais rencontré une seule fois sans que nous n'ayons parlé de maths. Vues aussi bien par le gros bout que par le petit bout de la lorgnette. Les mathématiques et la Mathématique.

Tout d'abord Queneau est friand de toutes les curiosités de

---

(1) De bon aloi. Queneau n'appartient pas à la famille des solutionnistes amateurs du Grand Théorème de Fermat. Mais il les a étudiés — en évoquant quelques excentriques du XIVme siècle — dans son Encyclopédie des Sciences inexactes (« Les enfants du limon »).

cette discipline et de ce que l'on appelle d'un terme assez impropre, « les problèmes récréatifs » (2) c'est-à-dire des problèmes dont les énoncés sont à la portée du profane mais dont les solutions (quand on les connait, et ce n'est pas toujours le cas) posent parfois d'immenses difficultés. La première chose qu'il fait en ouvrant le numéro mensuel de « Scientific American » est de sauter, vers la fin du fascicule, sur la chronique fort excitante de Martin Gardner et nous ne manquons pas d'échanger régulièrement nos impressions sur le contenu de cette rubrique.

A l'autre extrémité (si toutefois cette chose possède deux bouts) la révolution mathématique contemporaine (Ensembles, Classes, Structure, Objets, Catégories, Algèbre moderne, Topologie, Logique mathématique, etc...) lui est devenue familière. Il a publié sur Nicolas Bourbaki une étude qui a reçu l'approbation de cet éminent professeur, réputé cependant pour son caractère sourcilleux et la juste aversion que lui inspirent les esprits superficiels et les touche à tout. Quelques esprits distingués ont formé le projet de confier à Queneau la Direction d'une « Encyclopédie de la P-ADE » qui reste encore à créer.

J'ai déjà signalé, dans un texte antérieur (3), les affleurements mathématiques dans l'œuvre de Raymond Queneau. Ils sont nombreux. J'ajouterai seulement que Raymond Queneau est le membre le plus glorieux d'une société secrète dont l'ambition est de doter la littérature de moyens nouveaux. La contribution de Raymond Queneau à cette activité clandestine est capitale et consiste essentiellement dans la transposition au domaine poétique et romanesque de structures et d'algorithmes courants en mathématique.

FRANÇOIS LE LIONNAIS

---

(2) Ils le sont, en effet, d'une certaine manière, mais dans le sens le plus noble du mot.
(3) *Queneau*, par Jacques Bens, dans « La Bibliothèque Idéale ».

JACQUES BENS

LITTÉRATURE POTENTIELLE

Le petit groupe de recherches de littérature expérimentale qui s'est constitué, en 1960, autour de François Le Lionnais et de Raymond Queneau, sous le nom ambigu d'*Ouvroir de Littérature Potentielle*, s'est jusqu'ici confiné dans un rôle technique, modeste mais essentiel. Ses premières définitions, ses premières professions de foi déclaraient, par exemple :

Il y a deux littératures potentielles : une analytique et une synthétique. La LiPo analytique recherche des possibilités qui se trouvent chez certains auteurs sans qu'ils y aient pensé. La LiPo synthétique constitue la grande mission de l'OuLiPo : il s'agit d'ouvrir de nouvelles possibilités inconnues des anciens auteurs. (François Le Lionnais)

Et Raymond Queneau précisait, pour lever toute dubitation à caractère « artistique » :

L'OuLiPo n'est pas un mouvement ou une école littéraire. Nous nous plaçons en deçà de la valeur esthétique, ce qui ne veut pas dire que nous en fassions fi.

Tout avait commencé autour des *Cent mille milliards de poèmes*, dont Raymond Queneau poursuivait la composition. Cette composition achevée, l'œuvre fut saluée, par les OuLiPiens, comme la première œuvre de littérature potentielle. Elle l'était, et doublement.

En effet, si l'OuLiPo, faute de temps, n'a pu définir, jusqu'ici, la littérature potentielle qu'au moyen de critères *techniques*, il n'en reste pas moins que la notion de « potentialité » déborde largement le cadre maigrillot de ces définitions. On peut admettre, sans tenter pour l'instant d'approfondir, qu'une œuvre potentielle est une œuvre qui ne se limite pas à ses apparences, qui contient des richesses secrètes, qui se prête volontiers à l'exploration.

On voit alors tout ce qui fait la potentialité des *Cent mille milliards de poèmes* : ce n'est pas seulement l'exemple, l'archétype qu'ils constituent, ce sont les quatre vingt dix neuf mille neuf cent quatre vingt dix neuf millions neuf cent quatre vingt dix neuf mille neuf cent quatre vingt dix sonnets qui se trouvent, inexprimés mais *en puissance,* dans les dix autres.

Il faut encore remarquer qu'il était injuste de considérer les poèmes combinatoires de Queneau comme « la première œuvre de littérature potentielle », car la littérature potentielle existait avant la fondation de l'OuLiPo (c'est même ce que nous nous proposons de montrer ici). En revanche, ce que l'on peut affirmer sans grand risque d'erreur, c'est qu'elle constitue la première œuvre de littérature potentielle *consciente.* Ou plutôt : *concertée.*

Concertée, oui, je préfère, car Raymond Queneau n'a pas la réputation de laisser « l'inconscience » s'emparer de son écriture. Je crois, en réalité, que cette fondation de l'OuLiPo ne fut que l'épanouissement à l'air libre d'une longue série de recherches informulées, mais parfaitement clairvoyantes.

Voilà vingt-cinq ans, Queneau déclarait déjà que le roman doit ressembler à un bulbe « *dont les uns se contentent d'enlever la pelure superficielle, tandis que d'autres, moins nombreux, l'épluchent pellicule par pellicule.* » (« Volontés », n° 11, nov. 1938.) Ces pelures intérieures constituent, sans aucun doute, un roman, ou un épisode, ou un fragment, tous également *potentiels.*

Ici, une première question se pose, relative à l'existence de la littérature, épineuse donc, mais il ne servirait à rien de l'éluder. Pour Queneau (je dis bien : *pour lui*), il n'y a pas, ou peu, de littérature sans lecteur. C'est ce qu'a très bien senti Claude Simonnet qui écrit, dans son livre pointu et malin : « Il est essentiel que certains aspects du contenu ne soient qu'évoqués, allusifs, qu'ils n'existent qu'à l'intérieur du livre, comme des horizons que chacun pourra élucider à sa guise. L'important, c'est que le texte existe, s'impose par sa présence et résiste au lecteur. Cette résistance est un élément fondamental de l'art romanesque de Queneau, un des facteurs de l'objectivité du texte, de sa densité, et donc de sa beauté. » (...) « Un déguisement n'est drôle que si quelqu'un est là pour le découvrir. Le rôle du lecteur est donc capital. » (...) « Queneau le met dans son jeu, exige sa collaboration. Le caractère expérimental de sa conception de la littérature exige un témoin » (1).

On voit bien que les mots « horizon », « résistance », « déguisement », « caractère expérimental » en dissimulent un autre, que

(1) Claude Simonnet, *Queneau déchiffré,* Julliard, 1962, pp. 13-14.

44

Simonnet n'a pas écrit parce qu'il n'avait pas encore été inventé, mais vous le devinez à présent : c'est le mot *potentialité*. La littérature potentielle serait donc celle qui attend un lecteur, qui l'espère, qui a besoin de lui pour se réaliser pleinement. Nous voici soudain plongés dans une sombre perplexité : car tout ce qui prétend à la littérature se présente à peu près ainsi, de Michel de Saint-Pierre à François Mauriac.

Cependant, si nous revenons à nos moutons — je veux dire à notre oignon, nous nous rappellerons que le premier postulat de la potentialité, c'est le secret, le dessous des apparences, et l'encouragement à la découverte. Rien ne nous empêche alors de décider qu'il y aura *littérature potentielle* si l'on dispose *à la fois* d'une œuvre résistante et d'un explorateur. Et nous abandonnerons illico le second membre de ce duo, puisque sur lui nous n'avons aucun pouvoir, pour nous attacher uniquement au premier, ressort, domaine et quote-part de l'écrivain conscient.

L'adjectif épithète « conscient » n'est pas revenu par hasard au bout de la phrase précédente. Il est destiné à éliminer les auteurs obscurs ou indéfinis, les hermétiques et les fous littéraires. Car les membres de l'OuLiPo n'ont jamais caché leur horreur de l'aléatoire, des cartomanciennes de salon et du ptit-bonheur-la-chance de bastringue : « L'OuLiPo, c'est l'anti-hasard », affirma un jour sans rire l'OuLiPien Claude Berge, ce qui ne laisse subsister aucun doute sur l'aversion qu'on a pour le cornet à dés.

C'est qu'il ne faut pas se méprendre : la potentialité est incertaine, mais pas hasardeuse. On sait parfaitement tout ce qui peut se produire, mais on ignore si cela se produira. Ici comme ailleurs, nous demanderons au lecteur de savoir de quoi on va parler. (Et ce n'est pas fini : il trouvera plus loin les termes d'une autre apparente contradiction.)

Les textes théoriques de Raymond Queneau ne sont pas nombreux, et se cantonnent généralement dans de discrètes et modestes considérations techniques : tant de chapitres ici, tant de personnages là, autant d'éléments qui ne dévoilent rien, qui ne compromettent personne. Il faut aller fouiner un peu plus profondément pour voir apparaître une ombre d'intentions.

Déjà, la prière d'insérer de *Gueule de Pierre* (1934) déclarait : « *Car pourquoi ne demanderait-on pas un certain effort au lecteur ? On lui explique toujours tout, au lecteur. Il finit par être vexé de se voir si méprisamment traité, le lecteur.* »

Une autre prière d'insérer, celle de *Pierrot mon ami* (1942), prétendait : « *Un grand savant l'a dit : « Il y a un certain plaisir à ignorer, parce que l'imagination travaille. » (Claude Bernard.)* »

Toutes considérations qui laissent entendre qu'il sera bon de lire entre les lignes, de remplir les marges et de peupler les alinéas. Alors, prenant au mot l'écrivain apprenti-sorcier, on pourrait éprouver la curiosité d'aller examiner sur place, le long de ses œuvres essentielles, quelles sortes de déluges sont nés de ses invocations maladroites et sulfureuses.

Dans *Le Chiendent*, on trouvera plusieurs sujets de perplexité. Claude Simonnet (2) en énumère quelques-uns, dont l'existence de Pierre Le Grand, les méditations d'Etienne et de Saturnin, les avatars de Mme Cloche et le *Discours de la Méthode* sont les plus célèbres et les plus évidents. On ne peut pas ne pas constater qu'une sorte de « second roman » se déroule parallèlement au premier, roman dont les traits essentiels ne coïncident pas avec la trame générale de l'autre (c'est ce qui constitue le parallélisme), et dont l'action se précise et se précipite avec le déclenchement de la guerre contre les Etrusques : rien que de très naturel là-dedans, du reste, puisque toute belligérance brouille les cartes et les territoires, mélange les tripes et les destins. Des ruptures d'espace et de temps peuvent alors se produire, des bonds se réaliser : les personnages d'un roman découvrent, avec une stupeur impuissante et résignée, leur état de personnages, ainsi que l'existence probable d'une autre vie, dans le ciel ou sous leurs talons :

« *C'est encore une drôle d'histoire, ça, dit Saturnin. On se crée avec le temps et le bouquin nous happe aussitôt avec ses petites paches de moutte. Nous autres, oui, on est comme ça et tous ceuss-là qui nous entourent, ô reine ma sœur, tes généraux foireux, tes soldats de bois de campêche et les poissons de l'étang voisin qui n'arrivent pas à dormir. Double vie, doubles nœuds. Hou ya ya.* »

Dix ans plus tard, dans l'épilogue de *Pierrot mon ami*, la notion de roman potentiel se précise sans aucune, cette fois, ambiguïté :

« *... il voyait très bien comment tous les éléments qui le constituaient auraient pu se lier en une aventure qui se serait développée sur le plan du mystère pour se résoudre ensuite comme un problème d'algèbre où il y aurait autant d'équations que d'inconnues, et comment il n'en avait pas été ainsi, — il voyait le roman que cela aurait pu faire, un roman policier avec un crime, un coupable et un détective, et les engrènements voulus entre les différentes aspérités de la démonstration, et il voyait le roman que cela avait fait, un roman si dépouillé*

---

(2) Claude Simonnet, *op. cit.*

d'artifice qu'il n'était point possible de savoir s'il y avait une énigme à résoudre ou s'il n'y en avait pas, un roman où tout aurait pu s'enchaîner suivant des plans de police, et, en fait, parfaitement dégarni de tous les plaisirs que provoque le spectacle d'une activité de cet ordre. »

Il convient de ne pas oublier, pour apprécier les conditionnels qui précèdent, que tous les éléments des équations, les aventures, les mystères, les engrènements et les aspérités *existent* dans le roman qu'est devenu *Pierrot mon ami*. L'autre roman (le policier) n'eût surgi que de la façon de présenter, d'ordonner, de décrire ces éléments. Il y a donc bien *potentialité* au sens où nous l'entendons, puisque le second roman est expressément inclus dans le premier, bien qu'informulé, puisque tout lecteur un tant soit peu perspicace peut le découvrir et, les yeux fermés ou la plume à la main, se le raconter gentiment.

Avec *Loin de Rueil*, le procédé se multiplie, étend des ramifications sans nombre : ce n'est plus un roman potentiel que nous allons apercevoir, mais dix, vingt ou trente fragments éparpillés dans un jaillissement émerveillé-ravi. Entre les rêves de Jacques L'Aumône et la réalité, la frontière est indécise : une zone d'ombre existe, qu'il est impossible de résoudre d'une manière satisfaisante. Car, s'il rêve qu'il devient champion du monde de boxe (mi-lourds), il semble bien qu'il est vraiment « champion de Paris amateurs » ; il est probablement chimiste, et distingué (mais où a-t-il appris ?) ; il donne sans doute pour de bon dans une sainteté cradingue et inoffensive ; c'est presque sûr qu'il explore le territoire inhospitalier des Indiens Borgeiros, et qu'il devient enfin vedette de cinématographe à Hollywood sous le nom de James Charity. *Presque.*

On voit que le récit ne cesse de glisser vers des possibilités innombrables, que parfois l'auteur reprend ses billes (et l'on se dit que c'était un rêve), que d'autres fois il les laisse courir (et elles deviennent donc réalité). L'imagination du lecteur est perpétuellement sollicitée : ce qui paraissait imaginaire ici s'authentifie soudain trente pages plus loin, il hésite (le lecteur), il tâtonne, il ne sait plus très bien, il lui faut, qu'il le veuille ou non, apporter sa pierre et jouer le jeu.

Dans *Le Dimanche de la Vie*, autre procédé ou, si l'on veut, autre propos. Ce n'est plus sur les événements que s'exercera l'action potentielle, mais sur la vie intérieure du personnage central : qui est Valentin Brû ? Posez donc, pour voir, cette question autour de vous, et l'on vous donnera dix réponses différentes. C'est que l'ex-soldat Brû manie admirablement le silence. Reste à savoir ce que cache la vacuité de sa conversation et, souvent, de sa pensée : son être, ou le néant ? Les apparences, certes, jouent contre lui, mais c'est le propre d'à peu près toutes les apparences. Ce qu'il est au fond de lui-même, en définitive, nous ne le découvrirons jamais. Prenons Madagascar, par exemple, où il prétend avoir fait campagne contre les Hain-Teny Merinas, prenons Madagascar et voyons ce qu'en pense Paul Gayot :

« C'est Madagascar qui affleure le plus souvent au souvenir de Valentin Brû, tout au long du *Dimanche de la Vie*, de façon curieusement imprécise, sous forme de questions parfois laissées sans réponses. C'est ainsi que Brû se dérobe régulièrement lorsque son beau-frère le questionne sur la flore malgache. » (...) « Lorsque Paul lui demande ce qu'il a vu comme plantes à Madagascar, Brû se contente de répondre : « *Beaucoup sont exotiques.* » La flore et la faune de la grande île sont pourtant assez singulières, comme son langage où le parlé s'écarte presque autant de l'écrit qu'en Irlande » (3).

Et, tenez, son voyage à Bruges, Gayot en dit encore ceci :

« Les voyages de Brû (Madagascar, Bruges, l'Allemagne) ne sont jamais décrits. Tout ce que nous en savons, c'est ce qu'il veut bien en dire. Or Brû est très discret ou plutôt très mystérieux sur ces périodes où il disparaît littéralement. Le voyage à Bruges, en particulier, semble des plus suspects. Brû commencerait-il à mentir ? » (4).

Il ne s'agit pas exactement, au reste, de mensonge, mais bien de dissimulation. Si l'on peut affirmer que Valentin Brû devient rusé, sinon intelligent, pendant la durée du roman dont il est le héros, il est quasiment impossible de discerner à quel moment cette ruse lui vient, comment elle apparaît, se développe, évolue. Toutes les interprétations qu'il autorise, toutes les « virtualités », en somme, de son comportement définissent bien, suivant les règles que nous avons adoptées, une *potentialité littéraire*.

Avant d'aller solliciter un autre type de potentialité, j'aimerais répondre à une objection qui m'est venue, chemin faisant, à l'esprit. « On sait, se dira-t-on, on sait que Raymond Queneau construit ses romans avec une rigueur laborieuse et obstinée, sans pouvoir supporter de rien laisser au hasard (c'est lui qui l'affirme). Comment peut-on concilier une telle rigueur avec le vague, l'incertain, l'approximatif qui accompagnent nécessairement la potentialité ? »

Je crois, en réalité, que la contradiction n'est qu'apparente. Ou, plutôt, il n'y a pas de contradiction : c'est le problème qui est mal posé. Car l'écrivain n'a jamais prétendu qu'il déteste l'incertitude, mais l'incertitude née du hasard, ce qui n'est pas du tout la même

---

(3) Paul Gayot, *Madagascar et Valentin Brû*, « Dossiers du Collège de Pataphysique », n° 20.
(4) Paul Gayot, *A travers le Paris de Zazie et de Valentin Brû*, op. cit.

chose. Il est probable qu'il admet les solutions multiples, dès lors qu'il en a lui-même déclenché le mécanisme, qu'il les propose, qu'il les conduit. Enfin, s'il arrive qu'une pelure de l'oignon n'apparaisse pas immédiatement (ou jamais) à tel désinvolte lecteur, que celui-ci ne s'en prenne pas au destin, mais à lui-même : les écailles du bulbe ne se cachent pas fortuitement l'une l'autre, c'est l'auteur en personne qui les a ainsi disposées, afin qu'on ne les découvre que petit à petit, et en cherchant bien.

Un autre type de potentialité, nous le trouverons dans ce que l'on appelle communément : la « parodie ». La parodie peut adopter deux formes, et deux formes seulement : l'*hétéroparodie* qui imite les œuvres des autres, et l'*autoparodie* où l'auteur renvoie à ses propres ouvrages. Chacune a, naturellement, ses vertus, et Raymond Queneau, en athlète complet de la littérature, use de l'une et de l'autre.

L'hétéroparodie a pour but et pour résultat d'élargir les dimensions d'une œuvre, ou plutôt de l'inclure dans un plus vaste ensemble créateur. Les éléments parodiques agissent alors comme des références, pattes blanches et mots de passe. S'ils ne sont pas trop évidents, on aura une amorce d'opération potentielle.

Il ne fait pas de doute, par exemple, que la modernisation du *Discours de la Méthode* et des méditations platoniciennes, dans *Le Chiendent*, sont d'ordre potentiel. Il en va de même des développements hegeliens du *Dimanche de la Vie*, et des recours (assez nombreux) à Hamlet dans *Les Derniers Jours, Un rude Hiver, Pierrot mon ami* et *Zazie dans le métro*.

L'autoparodie joue un rôle analogue. Mais au lieu de chercher à situer un ouvrage dans le sein de, et par rapport à une création étrangère et collective (bref : *la* littérature), elle va constituer, disons, le ciment destiné à, heu, à réunir les, les petites pierres de ses œuvres précédentes, pour en faire un tout. Hé oui.

L'entreprise est plus difficile et plus méritoire. Plus difficile, car, finalement, ce que l'on a précédemment pondu n'a pas forcément l'audience et le retentissement de *to be or not to be*. Si bien que l'allusion la plus fine, la citation la plus délicate risquent de passer rigoureusement inaperçues. Plus méritoire, car s'il est d'un intérêt secondaire de claironner sur tous les toits que l'on a lu Platon et le sieur Hoschepoire, il est essentiel, au contraire, de prouver aux populations incultes et jem'enfoutistes que l'on a de la suite dans les idées : ce n'est pas si fréquent, en ces temps de grande diffusion de la pensée.

On trouve assez souvent ce type de parodie dans les romans

de Raymond Queneau. Pour nous limiter au dernier, *Les Fleurs bleues*, dont on n'a pas encore eu le temps d'épuiser les richesses, nous citerons :

Page 19, le bref monologue de Cidrolin : *Ils sont à peine partis que c'est à peine si je me souviens d'eux...* rappelle le monologue de Gabriel dans *Zazie* (p. 120), et notamment : *Les voilà presque morts puisqu'ils sont des absents.*

Page 23, le duc d'Auge vient d'admirer *la Sainte-Chapelle, joyau de l'art gothique,* leit-motiv de *Zazie.*

Page 35, une campeuse canadienne déclare à Cidrolin : *Ce que vous vous gourez, monsieur ! ce que vous vous gourez !*

Page 43, l'exclamation *Magnétophone mes narines* a l'allure du refrain zazique.

Page 130, le laïus du guide qui fait visiter, en 1614, les travaux du viaduc d'Arcueil ressemble à certaines envolées touristico-lyriques de Fédor Balanovitch (*Zazie*).

Page 166, le duc d'Auge médite devant une tombe ; près de lui, deux fossoyeurs exhument des ossements. Cette scène d'*Hamlet* a été reprise si souvent par Queneau qu'on peut la considérer comme faisant désormais partie de l'univers quenellien.

Pages 193 à 196, puis 226, 249, 250, les efforts obstinés du gardien du campigne vers *la pensée* reprennent le thème du *cogito* de Descartes, longuement développé dans *Le Chiendent* et déjà repris dans *Pierrot mon ami.*

Pages 201 et sq., la visite des grottes périgourdines n'est pas sans rapports avec la descente dans les égouts et les couloirs du métro qui termine *Zazie.*

Page 210, la *France aux nouveaux parapets* parodie *Gibraltar aux anciens parapets* (*Zazie*, p. 222).

(Laissons de côté, car cela nous entraînerait trop loin, l'auto-parodie de fond : le rêve, thème central des *Fleurs bleues*, est également celui de *Loin de Rueil* ; le déluge final rappelle l'interminable pluie de *Saint-Glinglin*, etc...)

Les liens ainsi établis ne sont-ils pas d'essence potentielle ? Si l'on a bien lu ce qui précède, on conviendra qu'oui.

Lors, il ne nous restera qu'une seule question à poser.

La dernière question, la voici : ce phénomène, là, dont nous venons de parler, les pelures potentielles de l'oignon romanesque, est-il exceptionnel ? Pourquoi le citer à propos de Raymond Queneau ?

Ce phénomène, non, soyons franc, il n'est pas absolument exceptionnel. On le découvrira (pour nous en tenir à des exemples simples) chez Flaubert, chez Jarry, chez Proust, chez Joyce, chez

Faulkner. Je suis certain que vous pourriez citer encore, en cherchant bien, une dizaine d'auteurs modernes. Mais il n'est pas très répandu non plus. Et puis, dans combien de cas s'agit-il de potentialité, je ne dirai pas « consciente », c'est la moindre des choses, mais bien *concertée* ? C'est une condition que nous avions imposée tout au début, et l'on voit maintenant l'importance qu'elle revêt.

Car c'est l'expresse volonté du propos qui lui donne ou non sa valeur potentielle ; dans le cas contraire, toute œuvre *inachevée* prendrait ce caractère. Alors, les *Pensées* de Pascal ? *Le Livre* de Mallarmé ? Naturellement non.

Cependant, je ne sais s'il ne faudrait pas accorder le bénéfice du doute, sur leur bonne mine, à un certain nombre d'ancêtres renommés, dont certains sont considérés, par l'OuLiPo, comme des « plagiaires par anticipation », rare compliment : nous nommerons ici Rabelais, puis Villon, et peut-être Marot. Nous y joindrons les grands rhétoriqueurs. Et nous n'aurons garde d'oublier qu'il y avait, de leur(s) temps, un type éminemment potentiel de littérature, et c'était la *commedia del'arte*, qui ne trouvait une forme réellement définitive qu'au moment même de la représentation.

Et maintenant, si l'on se mettait à considérer que la *potentialité*, plus qu'une technique de composition, est une certaine façon de concevoir la chose littéraire, on admettrait peut-être qu'elle ouvre sur un réalisme moderne parfaitement authentique. Car la réalité ne révèle jamais qu'une partie de son visage, autorisant mille interprétations, significations et solutions, toutes également probables. Ainsi, le regard potentiel sauvera l'écrivain, aussi bien de l'hermétisme de salon que du populisme de banlieue, tous phénomènes qui, de nos jours, gâtent sa plume et son inspiration.

Quant à Raymond Queneau, c'est, de tous les écrivains français contemporains, celui que la notion de potentialité a le plus attiré. La preuve, c'est qu'il rédige des études fort savantes, et encore secrètes, à ce sujet.

Mais il n'aura pas besoin de preuves, celui qui le lira avec les yeux de la seconde vue. Car voici des œuvres qui s'enrichissent à chaque lecture, qui enflent, qui foisonnent ; car voici des gens et des villes qui se mettent à vivre, à bouger, à s'étendre ; car voici des iris où vos rêveries feront aisément naître, si vous avez une ombre de goût pour l'horticulture, une poignée de fleurs bleues.

JACQUES BENS

GEORGES PERROS

QUENEAU POÈTE

Lettre

Merci, mon cher Burguet, de m'avoir donné l'occasion de lire, et relire, les poèmes de Raymond Queneau. Vous me demandez d'écrire une étude, ou un texte disons sérieux. Vous me laissez un certain temps. Sitôt reçu le paquet, puisque vous avez eu la gentillesse de m'envoyer quelques livres du susdit poète — où diable sont les miens ? — j'ai coupé les pages, c'est bien agréable, pourquoi tend-on à nous enlever ce plaisir, et j'ai écrit, sans trop le vouloir, mais ma volonté est voyageuse, ces variations plus ou moins heureuses. J'ai eu l'impression, très fugitive, hélas, de vivre un peu avec Raymond Queneau que je ne connais qu'en chair et en os, pour l'avoir croisé quelquefois dans des lieux difficiles. Couloirs ou rues.

Que ce rien me soit en tout cas manière de dire à quel point Queneau m'enchante, en noir et blanc, j'allais dire en muet. On a rarement fait un constat aussi gai du désastre qu'est la vie, et par suite, la pourriture. Queneau, tout le contraire d'un chansonnier, aura fait trembler la toile du langage, dans les mailles de laquelle nous nous débattons tous, tant bien que mal.

On ne passe pas plusieurs jours et nuits, car la nuit rappelle le jour à l'ordre, en fait on ne dort jamais vraiment — ça viendra — on ne fréquente pas la poésie de Queneau sans en être envahi, sans se sentir entraîné. Ce qui fait l'essentiel de l'originalité de Queneau, c'est qu'il n'est ni jeune ni vieux, ni moderne ni classique et quoi encore. Allons, je dirai qu'il est libre. Lire Queneau c'est se balader dans une nature extrêmement changeante, c'est passer d'un petit bistrot au siècle des siècles du malheur et du bonheur quotidiens. Liberté humble.

Alors je me suis égaré dans la grande banlieue qu'est son langage, en perpétuelle mutation parodique. J'ai suivi le défilé de sa fanfare rien moins que municipale au pas de ma petite musique, accordant mon *la* au sien. Il est contagieux, Queneau. On ne voit plus, on ne pense plus, on ne respire plus que par lui, pour peu qu'on se laisse faire et défaire par ses sortilèges, au demeurant jamais gratuits. C'est du travail de haute voltige, et bien fait, qui passe par toutes les couleurs, tous les tons, du lugubre à l'ensoleillé, du sinistre au gracieux.

La poésie de Queneau est pleine de bruits, de fureurs, d'odeurs rances, de spasmes à en mourir. Tout ce que nous savons de la vie avant d'en avoir souffert l'évidence, tout ce que nous avons deviné sans parvenir à y croire tout à fait, ce serait un cas de suicide, Queneau nous le rend, nous l'a empaillé, et nous le ressuscite. Les mots, nos mots, lui sont petits moutons, il leur ménage un espace où brouter, ronger, aimer, s'ennuyer gentiment. Modestement. Alors, comme ça, ils sont contents, ils s'amusent, ils frégolisent. Et quand ils meurent, Queneau les emballe doucement, les traite, les embroche, et les regarde cuire, en maître queux.

Il y a chez Queneau une gourmandise de la langue, du mot, mieux, de la lettre, celle-ci jouant aux cartes à l'intérieur de son mot, et je ne sais quelle sensibilité dans leur dégustation, mais sensibilité qui ne saurait trouver sa fin que dans la bouffonnerie. Alors il déguise son vocabulaire, il l'affuble, il le masque, et quel riche magasin d'accessoire ! Il l'introduit dans des régions interdites, il le dédouane, et je te saute par-dessus le mur du voisin. Le mot con, par exemple, assez délicat à manier, il le remet en selle pour le meilleur, il le retire de toutes les sales bouches, il le répare, remet à neuf. Ce n'est pas rien. Il y faut beaucoup de doigté, de justesse. De simplicité poignante.

Queneau, il y a quelque chose qui beugle en lui, et aussi une petite voix, toute petite, comme d'un zoiseau. Le langage de Queneau se déroule en perspective, il traverse en douceur l'écran de ce qu'on appelle le réel, il va de profil, pour souffrir de même. Queneau est toujours derrière son langage, de connivence, parce qu'il sait à quel point c'est fragile, un langage, une poésie. Il la regarde passer, la sienne, l'enregistre, mais fait attention, un coup de pouce par-ci, un coup de tête par-là, un brin de sel et de poivre, et allez, vas-y petit, fais ta vie. Oui, Queneau est amoureux des lettres, bien plus que des mots, il les cajole, il les distrait, il les fait tourner en rond. Tant il est vrai qu'un mot doit bouger toute la nuit avant de trouver sa position de sommeil.

Queneau a la poésie rurale et urbaine dans la peau, le cœur dans les racines du chardon

> *Le vivace chardon qui plante ses racines*
> *Dans les sols les plus secs et les plus rebutants*
> *Le chardon sans pitié qui frotte ses épines*
> *Pour de rudes douleurs parallèles au temps*

la tête dans le grésillement des fils télégraphiques, des ondes qui donnent la migraine à la Tour Eiffel.

Un poème, ça ne se lit pas. Ça se retient. Il nous retient. Dieu sait, ou le diable, que ceux de Queneau s'entendent à gratter la vitre de notre mémoire, à rayer heureusement le disque ininterrompu de nos curieuses existences. Si tu t'imagines... La poésie, c'est un œuf. Queneau un de ses plus beaux poussins. Au fait

> *Venez, poussins*
> *asseyez-vous*
> *je vais vous instruire*
> *sur l'œuf*
> *dont tous*
> *vous venez, poussins*
>
> *L'œuf est rond*
> *mais pas tout à fait*
> *Il serait plutôt*
> *ovoïde*
> *avec une carapace*
> *Et vous en venez tous, poussins*
>
> *Il est blanc*
> *pour votre race*
> *crème ou même orangé*
> *avec parfois collé*
> *un brin de paille*
> *mais ça*
> *c'est un supplément*
>
> *A l'intérieur il y a*
>
> *Mais pour y voir*
> *faut le casser*
> *et alors d'où — vous, poussins — sortiriez ?*

*

En route avec Queneau

Queneau croque-mort
Queneau père Lachaise
Tous les arbres toutes les fleurs
Tous les mots
au four crématoire
Et les voilà dans une petite boîte

ou urne funéraire
dite poème
Les voilà qui fument la pipe
du temps d'hier et de demain
avec Queneau en queue de pie
qui suit le cheval du corbillard
maiz y en a pas.

Queneau croque-vie
Queneau père Noël
Qui emmènent les arbres les fleurs
et les mots
sur un cyclomoteur à roulettes
dans sa drôle de campagne
où il fait si chaud en hiver
on s'y pousse du coude
pour ne pas attraper froid
on sue tellement
mais on y voit plus clair
les arbres ne cachent plus
la forêt.

Queneau clochard
Queneau méphisto
Queneau ange
Queneau la pudeur
Queneau l'arsouille
Queneau qui vole à pied
et qui marche en hélicoptère
Queneau troufion
à son sévice mirlitaire
un balai à la main
pour enlever la poussière
de toute la bêtise humaine
Queneau la musique
avec sa petite flûte
son pipeau
son saxophone
ses grandes orgues
son violon d'Ingres
sa clarinette son basson
quel orchestre
quel chef !

Queneau vous prend un mot
lui retire le nez la bouche le ventre etc
Sus à la peau
il ne lui reste que les os
au mot
les os c'est plus solide
on peut tambouriner avec
ça dure plus longtemps
la chair elle est molle
comme la canine
comme est mou l'air
l'horizon
le ciel
l'abri
c'est fou comme Queneau
trouve mou un tas de choses.
Queneau chêne et chien
par dessus et par dessous
aves son corps qui trimballe
son monde
Queneau et son institutrice
demoiselle aux p'tits seins
qui font cui-cui
quand on les touche
Queneau royal et renaissant

Je ne dormirai plus sous cette ombre première...

Je voudrais maintenir en cette foi dernière...

Queneau lyrique
au bout du chant

Puisque tout est fatal et que l'ombre s'immerge
Dans les cristaux de deuil que secrètent les jours
Puisque tout arbre sage a pour toute herbe vierge
Le prestige des dieux absents de leurs séjours
Puisque la mer abîme un rocher qui émerge
Acide une jetée embarque les balourds
Puisque le feu s'infecte en réduisant le cierge
Et qu'il croit s'endormir en violant le velours...

Queneau qui prête à rire
et qui donne à pleurer
Queneau qui argenteuille
qui courbevoise
qui malmaisonne
Queneau le facétieux
qui montre son derrière
au bon Dieu
Qui distille la mort en quelques poésies
La chanson du néant
Queneau la parodie
Queneau la mort la vie
qui ronge son squelette
en vers particuliers

Acriborde acromate et marneuse la vague
au bois des écumés brouillés de mille cleurs
pulsereuse choisit un destin coquillague
sur le sable où les nrous nretiennent les nracleus...

Queneau Germain Nouveau
très nouveau, mais oyez

Une boîte est mon avenir
où les hoquets de mon navire
chanteront l'air libre et marin
il n'est donc rien que je n'espère
quand je vois que tout cimetière
me sert à me faire la main

Les dés que seront mes molaires
Les osselets de mes vertèbres
Composeront des jeux d'enfant
Mais le bouillon de mes misères
et les spasmes de mes ténèbres
hisseront au jour le chiendent

Sur des terrains lardés de houille
où s'égareront mes dépouilles
le blé de mes bons sentiments
germe au soleil de la futaille
et c'est par là qu'il faut que j'aille
pour dormir au chaud — simplement.

★

Variations sur un nom et prénom.

★

Que no ! disais-je en poli'glotte
rémonkenocépaduflan
le moindre mot requin normand
il l'espiègle sous sa quenotte

Que n'aurais (mon dieu)-je donné
moi dont les vers ne sont que notes
pour queneauter dans votre flotte
eau dont j'ai si souvent rêvé

O Raymond plus subtil que no
le poisson plat que nommons raie
grossirait d'une larme vraie
s'il pouvait vous lire. Et les mots

Qui sont pour la plupart vœux vains
vous leur donnez du vin à boire
et les v'là rue d'la Tombe-Issoire
ayant rendez-vous à Saint-Ouen.

O cher taquin Queneau, que nos
lassitudes toujours s'amusent
à reconéider vos muses
campagnes de nos idéaux

Queneau pauvre de moi que n'ai-je
votre esprit pour vous saluant
ne pas déconner Mais d'antan
o ma quenouille où sont les neiges ?
                    Bref
Ce qui se met sous la quenelle
Est toujours passé au tamis
De Monsieur Queneau son mari
c'est Littré qui nous le rappelle.

GEORGES PERROS

RENÉ MICHA

LE CINÉMA DE QUENEAU

Peu d'écrivains ont aussi vivement, aussi continûment aimé le cinéma que Raymond Queneau.

Il a raconté comment ses parents, merciers au Havre, se débarrassaient de lui en l'envoyant au cinéma, comment, bien avant qu'il eût dix ans, il avait vu « dans toute leur nouveauté et dans toute leur fraîcheur », *Fantômas, Les Vampires, La Conquête du Pôle*. Il ajoute que, depuis cet âge béni, il fréquente les salles obscures au moins trois fois par semaine.

> Pendant que des cow-boys avec leurs haridelles
> gardaient non sans humeur des vaches et des veaux,
> pendant que des bandits travaillant du cerveau
> cambriolaient selon des méthodes nouvelles,
>
> pendant que des putains infidèles et belles
> menaient au désespoir de jeunes élégants,
> pendant que des malheurs pour le moins surprenants
> arrivaient par milliers à de blondes pucelles,
>
> pendant que sur la face étanche de la toile
> les flots de l'Océan humide déferlaient,
> pendant que par barils le sang humain coulait
> sans teinter le tissu blanchâtre de ce voile,
>
> je cherchais à revoir l'image palpitante
> d'un enfant dont le sort tenait aux anciens jours.

Queneau n'est pas seulement amoureux du cinéma : il a collaboré à sa fabrication, il s'en est inspiré dans ses romans.

Son nom figure au générique d'une douzaine de films, tantôt dans un emploi, tantôt dans un autre (encore est-ce négliger la part qu'il a prise à des travaux plus modestes, comme le doublage en langue française de *Sommarnattens Leende* — *Sourires d'une Nuit d'Été* — ou de *Some like it hot*).

Il arrive que nous entendions sa voix. Par exemple dans *Teuf-Teuf*, un dessin animé que Tabely a réalisé en 1957 : qui montre, de façon bouffonne, mais avec beaucoup de sérieux dans le fond, comment l'automobile est née ; dans *Saint-Germain-des-Prés* : où il commente des images que Marcel Pagliero a prises en 1947 ou 48 (c'est son premier ouvrage cinématographique, c'est le temps où les Frères Jacques, que nous voyons un instant, chantent les *Exercices de Style* à la Rose Rouge) ; dans *Le Chant du Styrène* : ou il récite, tout au long d'un document d'Alain Resnais et avec les intonations de Pierre Dux (1958), quatre-vingt deux alexandrins plus libres que ceux de la *Petite Cosmogonie portative* et parfaitement ajustés à leur propos. Voici la fin :

Le styrène autrefois s'extrayait du benjoin
Provenant du styrax, arbuste indonésien
De tuyau en tuyau ainsi nous remontons,
A travers le désert des canalisations,
Vers les produits premiers, vers la matière abstraite
Qui circulait sans fin, effective et secrète.
On lave et on distille et puis on redistille
Et ce ne sont pas là exercices de style :
L'éthylbenzène peut — et doit même éclater
Si la température atteint certain degré.
Il faut se demander maintenant d'où proviennent
Ces produits essentiels éthylène et benzène.
Ils s'extraient du pétrole un liquide magique
Qu'on trouve de Bordeaux jusqu'au cœur de l'Afrique,
Ils s'extraient du pétrole et aussi du charbon
Pour faire l'un et l'autre et l'autre l'un sont bons.
Se transformant en gaz le charbon se combure
Et donne alors naissance à des hydrocarbures.
On pourrait repartir sur ces nouvelles pistes
Et rechercher pourquoi et l'autre et l'un existent.
Le pétrole vient-il de masses de poissons ?
Le pétrole vient-il du plancton en gésine ?
On ne sait pas trop ni d'où vient le charbon.
Question controversée... obscures origines...
Et pétrole et charbon s'en allaient en fumée
Quand le chimiste vint qui eut l'heureuse idée
De rendre ces nuées solides et d'en faire
D'innombrables objets au but utilitaire.
En matériaux nouveaux ces obscurs résidus
Sont ainsi transformés. Il en est d'inconnus
Qui attendent encore un travail similaire
Pour faire le sujet d'autres documentaires.

Il arrive que nous le voyions lui-même. Déguisé en Clémenceau, il fait une courte apparition et dit trois mots dans un film de Claude Chabrol, *Landru* (1962). Plus Queneau que Queneau, il donne, en sept minutes, une leçon d'arithmétique qui est un modèle du genre : c'est, tourné par Pierre Kast en 1951, un court-métrage destiné à une Encyclopédie qui n'alla pas plus loin que la lettre *A*. Je me proposais de reproduire le texte de cette leçon : mais je me suis aperçu que, privée de l'image, la parole paraissait on ne peut plus rigoureuse (on eût dit les premiers éléments énoncés par Bourbaki) et que la *vis comica* du film se trouvait dans le visage immobile, la diction atone, les gestes précis de Queneau, qui pose, additionne et multiplie des objets choisis avec soin, comme des coqs chinois — lesquels il lance par la fenêtre au moment de la soustraction.

Queneau, quand on l'en prie, rédige des dialogues — ou même des chansons : telle la chanson que, sur une musique de Georges Auric, nous entendons dans *Gervaise*, un méchant film de René Clément (1955). Il n'y a guère à dire de ces dialogues : qui ont l'air d'être faits par un professionnel, tant ils sont justes, économes, lisses.

Je songe en particulier au *Couple*. Cet ouvrage, mis en scène par Jean-Pierre Mocky en 1960, voudrait prouver que, contrairement à une opinion reçue, l'amour s'accommode mal de la vérité : qu'un homme et une femme qui se disent tout, qui se veulent transparents l'un pour l'autre, ne se supportent bientôt plus et finissent par se haïr. Queneau, qui a aussi collaboré au scénario, a mis à peu près dans toutes les bouches des paroles très plates. Par exemple, nous voyons, nous entendons, qui s'ébattent dans une vaste prairie, puis dans une villa — où se déroule un concours de jouets — de petits inventeurs, un gros marchand, leurs femmes, leurs petites amies : des couples qui se font et se défont, parmi eux le couple qui donne son nom au film et que nous sentons menacé ; chassé-croisé, où se mêlent des musiques, des portes qui claquent, le bruit de la vie ; nous évoquons une *Règle du Jeu* qui serait à quelques degrés au-dessous de Renoir, un *happening* vulgaire.

La Mort en ce Jardin, de Luis Bunuel (1956), est un film digne des bandes dessinées de notre enfance, celles qui paraissaient dans *Cri-Cri* ou dans *L'Intrépide*. Queneau fait courir les paroles qu'il faut sans aucun humour apparent : simples phylactères. Une fois cependant il risque un clin d'œil, un *private joke* : quand il recrée le délire d'un père jésuite perdu dans la jungle mexicaine. Il le fait rêver à haute voix, tandis que ses compagnons épuisés, abrutis, dorment sur les cendres du dernier feu. Le prêtre raconte qu'au temps de son noviciat, il y avait toujours moins d'œufs durs que de convives :

jusqu'au jour où l'on s'aperçut que le séminariste chargé de les porter à table en avalait précipitamment cinq ou six sur le chemin qui allait de la cuisine au réfectoire — c'est une anecdote stendhalienne.

Je voudrais donner une idée de cette platitude, ou de cette naïveté voulue. Je recourrai à un texte inédit. Un jour, c'était en 1947, Queneau s'est diverti à transposer Voltaire à l'écran. Il a imaginé Candide traversant la dernière guerre : les combats, mais aussi l'occupation allemande, le marché noir. Il a écrit, avec René Clément, un scénario et un dialogue qui n'ont point servi, le film n'ayant jamais été tourné. Voici le moment où Candide et Pangloss découvrent le Mur de l'Atlantique (ce devaient être Fernandel et Michel Simon) :

Murs immenses, cubes gigantesques, architectures chaldéennes, au milieu desquels des centaines d'esclaves, un sac sur le dos, montent en longue file le long d'un plan incliné montant en ligne brisée. Les bruits de perforeuses dominent le brouhaha ; un chant scandé dans une langue probablement slave rythme mélancoliquement le travail.

Au premier plan, un lourd sac de ciment sur le dos, passent Candide, puis Pangloss. Ils montent en zig-zag jusqu'au sommet de la construction où se trouve une bétonneuse et déversent le contenu de leur sac dans la gueule de la machine.

Ils s'arrêtent un instant pour contempler ces travaux, puis demandent des explications à un personnage de mine singulière qui sait à peine parler français :
— A quoi servent ces énormes murailles, ces travaux cyclopéens ?
— C'est le mur de l'Atlantique.
— Pour quoi faire ?
— Pour empêcher les Anglais de débarquer.
Candide se tourne vers Pangloss : — Ça continue donc toujours cette rivalité ?
Pangloss : — Sans doute à cause du Canada.
Ils sont interrompus dans leur bavardage par le gardien du camp qui se rue vers eux, cravache brutalement Pangloss, et les oblige à reprendre leur rang dans la file des prisonniers.

Cependant les dialogues que Queneau a écrits pour *Monsieur Ripois* sont très différents. *Monsieur Ripois* est le meilleur film peut-être de René Clément : il l'a tiré, en 1954, d'un roman de Louis Hémon, *Monsieur Ripois et la Némésis,* qui n'est pas aussi médiocre qu'on pouvait le craindre après *Maria Chapdelaine.* C'est aussi le meilleur rôle de Gérard Philipe. La Némésis ici est escamotée : le héros n'est point puni ou plutôt sa punition est si douce qu'elle excite notre envie. L'histoire se passe à Londres. Monsieur Ripois reçoit chez lui, grâce à l'un de ses tours, une amie de sa femme. C'est le séducteur dans le moment qu'il séduit. Il séduit par le récit même qu'il fait de ses bonnes et de ses mauvaises fortunes : celles-ci, nous les découvrons grâce à une série de *flash backs.* L'amie, fort ébranlée, ne cède pas encore, mais le séducteur invente un faux suicide, qui la touche aux larmes et, par ricochet, regagne le cœur d'une épouse qui allait s'éloigner. La moralité demeure ambiguë : nous pouvons, selon notre humeur, moquer les victimes ou les plaindre, blâmer Monsieur Ripois ou l'aimer à notre tour. Le film a découpé son héros dans les pages du livre mais très légèrement : il le fait danser au bout de ses ciseaux, petit don Juan de papier, fantômatique Leporello de Greek street.

L'une des scènes les plus drôles montre Monsieur Ripois dans la petite chambre qu'il occupe à Hampstead. Il a pris le nom de Monsieur Cadet-Chenonceaux et enseigne le français. Le voici aux prises avec un grand dadais :

L'élève. — Le grand'père prend *son* canne.
M. R. — Non, *sa* canne.
L'élève (il parle comme Grock). — Pouqôâ ?
M. R. — Parce qu'on dit *une* canne. Continuez.
L'élève. — La grand'mère prend *sa* ombrelle.
M. R. — Non, *son* ombrelle.
L'élève. — Pouqôâ ?
M.R. — Parce qu'on dit *une* ombrelle.
L'élève. — Comme *une* canne ?
M. R. — Oui.
L'élève. — Comprends pas.
M. R. — Ça ne fait rien... Vous comprendrez quand vous serez plus grand. Continuez.
L'élève. — Le père de mon grand'père est mon arrière-grand'père.
M. R. — Très bien. Continuez.
L'élève (avec ardeur). — Le grand'père de mon...
Voix de M. R. (dominante). — Voyons voir... six élèves prenant quatre leçons par semaine et un qui n'en prend que trois... à cinq shillings la leçon... ça fait... Voyons voir... D'abord il faut compter les leçons : 6 fois 4 : 24, plus 3 égale 27, multiplié par 5. Euh, cent trente-cinq shillings... divisé par 20... Il me faudrait un bout de papier pour calculer ça.
M. R. — Eh bien ! Continuez.
L'élève. — L'arrière-arrière-arrière grand-père de mon arrière... Trôô trôô difficile. (Il éclate en sanglots).

Puis avec un autre élève :

L'élève. — Sois sage, ô ma douleur et tiens-toi plus tranquille.
     Tu réclamais le soir, il descend, le voici :
     Une atmosphère obscure enveloppe la ville,
     Aux uns portant la paix, aux autres le souci.
M. R. (sévère). — Aux autres le souci ! Lisez donc avec sentiment, avec âme !
L'élève. — Pendant que des mortels la multitude vile,
     Sous le fouet du plaisir...
Voix de M. R. — Deux élèves à trois leçons par semaine et un qui en prend deux... ça fait 3 fois 2 : 6, et 2 : 8, à cinq shillings, ça fait quarante shillings.

Divisé par 20, ça fait deux livres. Tiens, je n'ai même plus besoin d'un bout de papier pour faire mes comptes.

L'élève. — Et comme un long linceul traînant à l'Orient,
       Entends, ma chère, entends la douce nuit qui marche.

M. R. — Vous lisez ça comme une note d'épicier.

Puis avec Catherine, qui bientôt deviendra sa femme :

Catherine. — Monsieur Cadet-Chenonceaux ?

M. R. — C'est moi, Mad... ?

Catherine. — Mademoiselle.

M. R. — Entrez, je vous prie, Mademoiselle.

Catherine (elle parle un français appliqué et scolaire). — La mère d'un jeune garçon à qui vous donnez des leçons... Richard... m'a parlé de vous avec beaucoup de satisfaction, Monsieur Cadet-Chenonceaux.

M. R. (très étonné). — Mademoiselle, je suis heureux de voir mes mérites reconnus.

Catherine (d'un air supérieur). — Naturellement, je ne viens pas pour des leçons de français.

M. R. (inquiet). — NNNon ?

Catherine (avec une certaine coquetterie). — Que pensez-vous de mon emploi de la langue française, Monsieur Cadet-Chenonceaux ?

M. R. (incertain, se demandant quelle est la bonne tactique). — Mais... remarquable... Mademoiselle. Remarquable.

Catherine. — Je viens pour des leçons de littérature.

M. R. (impressionné, s'asseyant). — Asseyez-vous, Mademoiselle.

Catherine (restant debout). — De littérature moderne naturellement.

M. R. (voyant qu'elle ne s'assoit pas, se lève). — Moderne, naturellement.

Catherine (s'asseyant). — Monsieur Cadet-Chenonceaux, quel est votre auteur français préféré ?

M. R. (cherchant avec anxiété). — (Son vague).

Catherine. — Moderne, bien entendu.

M. R. (plongé dans un abîme de perplexité). — Euh...

Catherine (venant à son secours). — Aucun ? Vous n'en aimez peut-être aucun ?

M. R. — Non, c'est ça. Je préfère les classiques.

Catherine. — Comme ?

M. R. (répétant la question d'un air étonné, comme le candidat complètement perdu). Comme... Bossuet... et... et... Alexandre Dumas.

Catherine (laissant enfin pointer une certaine ironie). — Vraiment ?

La voix de M. R. (en surimpression). — La vache... C'était bien ma veine : j'étais tombé sur un affreux bas-bleu, le genre de femme qui m'épouvante. Pas vilaine d'ailleurs. De jolies jambes. Elle fouinait dans les quelques bouquins que j'avais achetés au hasard et que je n'avais même pas eu la curiosité de lire.

Catherine. — C'est dans ces livres-là que vous choisissez les dictées pour vos élèves ?

M. R. — Euh... Oui... C'est-à-dire non.

Catherine. — « J'irai cracher sur vos tombes », « Journal intime de Sally Mara », « Touchez pas au grisbi »...

M. R. — Vous n'approuvez pas ce choix ?

(Catherine sort de son sac un vanity-case qui comporte également un étui à cigarettes et un briquet. Le tout en or massif avec initiales en diamant. Elle lui offre une cigarette, l'allume et ensuite la sienne).

M. R. — Merci.

Catherine (voyant qu'il louche sur le vanity-case). — C'est français.

M. R. (avec conviction). — Charming.

Catherine (reprenant un ton supérieur). — Monsieur Cadet-Chenonceaux, j'ai écrit un petit poème en français et j'aimerais que vous me disiez ce que vous en pensez et que vous corrigiez mes fautes s'il y en a.

M. R. (n'osant y croire). — Je... vous donne votre première leçon... maintenant ?...

Catherine. — Vous êtes pris maintenant ?

M. R. — Moi ? Absolument pas. J'ai tout mon temps. (Il s'installe confortablement sur sa chaise... et reluque le vanity-case en or)... Je vous en prie.

Catherine (commençant). — Le vierge, le vivace et le bel aujourd'hui...

Voix de M. R. (en surimpression). — Ça pesait bien un kilo cet objet. Un kilo d'or pour une babiole, ça donnait des aperçus singulièrement intéressants sur la fortune de la demoiselle. Car c'était une demoiselle. La fortune allait-elle enfin me sourire ? A l'idée de tout cet argent à portée de ma main, si j'ose dire, j'en avais le vertige.

Catherine (terminant). — Il s'immobilise au songe froid de mépris
    Que vêt parmi l'exil inutile le Cygne.

M. R. (attendant un instant pour être sûr que c'est bien fini). — Merveilleux, étonnant.

Catherine. — Je n'en doute pas, c'est un sonnet de Mallarmé.

M. R. — Non !

Catherine. — Monsieur Cadet-Chenonceaux, depuis combien de temps donnez-vous des leçons de littérature française ?

M. R. (d'un air piteux, mais en souriant). — Je suis en train de prendre ma première leçon.

On aura remarqué que parmi les livres de Monsieur Ripois se trouve un Sally Mara, l'un des pseudonymes de Raymond Queneau, et que Catherine (Joan Greenwood à l'écran) cite un sonnet de Mallarmé, que notre auteur décidément aime bien. L'Oulipo — l'Ouvroir de Littérature Potentielle — qu'il a fondé avec quelques écrivains, quelques linguistes, quelques mathématiciens, n'a-t-il pas récrit ce poème en ne retenant que l'extrémité rimante de chaque vers ? Recomposé de la sorte, *Le vierge, le vivace* devient :

> Coup d'aile ivre
> sous le givre
> aujourd'hui
> pas fui !
>
> La région où vivre
> se délivre
> L'ennui,
> c'est lui.

Cygne
assigne
mépris
pris.

Agonie
le nie.

Ai-je tort de croire que chez Queneau, toutes choses se tiennent : parfois au premier plan, plus souvent au deuxième ou au troisième, ou même sur la toile de fond : figures foraines, tête-bêche, « têtes de rechange », se coupant et se recoupant sans cesse, comme dans la machine à fabriquer des poèmes qu'il emprunte à un livre pour enfants ?

D'un art à un autre, de la littérature au cinéma, c'est un va-et-vient miraculeux, qui tient à ceci : le septième art doit résoudre à son niveau, pour son compte, les problèmes qui se posent à tout langage, mais la littérature, telle que la conçoit Queneau, est une langue à l'état naissant, où tout est possible, où tout est à venir. A leur tour, ses romans, ses poèmes laissent passer une oreille, une bouche, un œil cinématographique. *Saint Glinglin* raconte l'histoire désopilante d'une star, Alice Phaye (elle s'appelait Cecile Hayes dans *Les Temps Mêlés*) ; *Loin de Rueil* est une sorte de roman-ciné : dont on a pu dire que le vrai héros est le cinématographe — qui change les rêves en images et les images en rêves. Jean Quéval et Jacques Bens qui, l'un et l'autre, ont consacré un livre à Queneau, constatent que ses histoires sont écrites en termes de cinéma : qu'il use de la profondeur de champ, des allées et venues de la caméra, de toutes les sortes de plans.

Je me bornerai à un exemple, pris à *Pierrot mon Ami*. C'est la foire à l'Uni-Park. Pradonet, l'œil à la lorgnette, suit les évolutions de sa fille et du coquin qui fait la cour à sa fille. Il dit ce qu'il voit au fakir qui est près de lui. Puis, tout à trac, nous voici à l'autre bout de la filature optique, soudain dans la conversation entre Pierrot et Yvonne :

— Tenez, vous voulez voir ma fille ?
     Le fakir colla son œil.
— Elle est là, en effet, dit-il poliment.
     Pradonet colla son œil à son tour.
— Il n'aurait plus manqué que cela, dit-il. Figurez-vous qu'hier elle a tout plaqué pour aller se faire offrir un tour d'autos à ressorts par un godelureau que je me demande ce qu'il pouvait bien avoir pour la séduire. La garce n'est pas difficile, je le sais, mais tout de même il y a le travail. On ne lâche pas son stand comme ça. Parce que, pour le reste, je ne me fais pas d'illusions : elle ne vaut pas cher. Les temps veulent ça : les journaux nous ont prévenus.

Il soupire et change encore une fois l'orientation de la lorgnette.

— Tiens, tiens, mais c'est mon copain...

Toujours à demi-ployé, il se tourna vers Crouïa-Bey :

— C'est le garçon qui a débauché ma fille hier, et qui après, il faut que je vous raconte ça, et qui après m'a fait glisser un voiturin dans les jambes et je me suis affalé là dedans les quatre fers en l'air. Si ç'avait été un autre que moi, j'aurais trouvé le coup pas mal drôle. Ce garçon travaillait au Palace, après cette histoire on l'a foutu à la porte, naturliche. Eh bien, je viens de le voir rentrer. Il avait payé son entrée, je l'ai vu remettre son ticket. Il s'est arrêté devant votre affiche.

Il colla de nouveau son œil à l'oculaire.

— Merde ! s'écria-t-il, il a disparu.

Il se mit à le poursuivre, braquant sa longue-vue dans tous les coins. Il finit par le rattraper.

— Ah ! le revoilà. Devant le Grand Serpent Vert. Non, ça ne l'intéresse pas. Le voilà qui se dirige maintenant du côté du dancing, mais il n'a sûrement pas l'intention d'entrer. C'est bien ce que je pensais, il continue son chemin. Le voilà maintenant devant une loterie, on pourrait croire qu'il va jouer, mais non il se contente de regarder tourner la roue. Il en a assez. Il s'en va. Le voilà maintenant devant La Belle au Bois Dormant, une attraction inventée par Prouillot, tenez. Vous savez, il y a une femme couchée dans un lit, pour vingt sous on a le droit de viser dans une cible ; si on met dans le mille, le lit bascule et on voit la poule rouler par terre. Elle est déshabillée, pas la peine de vous le dire. Ça rapporte bien, une attraction comme ça. Il était pas bête, Prouillot. Mais mon gaillard va plus loin. Je sais où il va mon gaillard. Naturellement. Je l'avais bien dit. Le revoilà qui lui fait du plat. Il est culotté alors. Et qu'est-ce qu'il peut bien lui raconter ?

— Ça ne vous ennuie pas que je vienne un peu bavarder avec vous ? demanda Pierrot à Yvonne.

— Mais non bien sûr, répondit Yvonne. Au contraire, c'est gentil de revenir me voir.

— Vous n'avez pas eu d'histoires après le coup d'hier ?

— L'engueulade traditionnelle, surtout parce que j'avais plaqué le stand.

— Alors, sans blague, vous êtes la fille du grand patron ?

— Pourquoi pas ?

— Tout de même, fit Pierrot, c'est quelqu'un.

— Allez, me charriez pas. Je ne suis pas sortie de la cuisse à Machinchouette.

— Et vous travaillez, comme ça ?

— Faut bien. C'est les ordres. Et puis ça ne m'ennuie pas. Je vois du monde. Je fais mon éducaaaation.

Zazie dans le Métro témoigne de façon très frappante que si Queneau mène, comme naturellement, au cinéma, le cinéma lui rend la politesse et renvoie à Queneau. A mes yeux, l'ouvrage que Louis Malle a tiré (en 1960) du roman de Queneau est un chef-d'œuvre : l'un des doublets les plus étonnants que le cinéma ait inventés à partir d'une œuvre littéraire. Nous y trouvons plusieurs des dialogues du livre mais aussi de longs moments sans paroles qui reflètent, sans faute, l'humeur élective, le sentiment vrai de l'auteur : l'image ici est le gant retourné de la parole.

On a défini Queneau de beaucoup de façons. La meilleure sans doute est celle de Ribemont-Dessaignes : Queneau, dit-il, est homme de langue, comme d'autres sont gens de robe, et d'autres d'épée. Aller à Queneau, c'est donc aller au langage. Aux nombres de la poésie, aux nombres de la mathématique, il ajoute toutes les figures, tous les tours, toutes les constructions, tous les leviers grâce auxquels on soulève le monde : ce qu'il nomme la « force » du langage. Dans *Zazie*, il y a une parodie des romans existentialistes (c'est le récit que fait Zazie de la mort de son père), une imitation de Beckett (c'est le dialogue entre Pedro Surplus, qui a soudain perdu la mémoire, et le cordonnier), un exemple de rhétorique pure, une sorte de Prière sur l'Acropole (c'est l'envolée de Gabriel dans les cintres de la tour Eiffel : ascension du corps, ascension du verbe, vertige à n'en plus finir). Puis, d'un bout à l'autre, nous écoutons Zazie qui parle son propre idiome — « langage-objet », comme dit Roland Barthes — lequel agit sur les choses, les appelle, les transforme. C'est un langage transitif. Zazie veut ses bloudjinnzes, veut ses moules, veut son métro.

Dans ce puzzle un peu rapide, il a été question de Queneau adaptateur, commentateur, parolier, interprète ; il a été question de l'image, de la parole, de la science, de la pataphysique, du jeu : avec Zazie, les pièces se joignent : surgit, de « la face étanche de la toile », l'*homo cinematographicus*.

RENÉ MICHA

GEORGES-EMMANUEL CLANCIER

LE DISCOURS ET LES MÉTHODES

Existe-t-il le point d'où l'on pourrait prendre une vue, peut-être simple mais fidèle, de la totalité des démarches qui concourent à édifier l'une des œuvres les plus originales de ce temps, celle de Raymond Queneau ? Existe-t-il un commun dénominateur aux mouvements si divers qui animent ses poèmes et ses romans, une méthode propre à rendre compte de leur unité poétique ?

Notre auteur lui-même a dit de son premier roman, *Le Chiendent*, qu'il devait être à l'origine une transposition, dans le langage parlé de notre temps, du « Discours de la Méthode ». En fait, n'est-ce pas toute l'œuvre de Queneau qui constitue un nouveau « discours de la méthode », mais un discours poétique avant d'être philosophique ?

Le postulat premier, aux yeux de ce poète sceptique, doit être, me semble-t-il, celui-ci : « Je cause, je cause, donc je suis » (1) avec les variantes « Je chante, je chante, donc... etc. » ou « Je crie, je crie, donc... » Certes le poète chante et crie, mais sa pudeur égale son scepticisme. Il préfère adopter la version : « Je cause... »

Au commencement était le verbe (non la pensée) : voilà qui fonde l'existence humaine. Encore faut-il, pour avoir un peu plus de certitude d'être, pouvoir affirmer au moins : « Je cause, donc je suis celui qui cause », ce qui n'est pas évident s'il est vrai que « je (parfois) est un Autre ». Angoissante possibilité d'être aliéné à soi-même, *d'être parlé* quand on croit parler, alors que cet autre qui prend votre place, ce n'est plus comme jadis Dieu, mais qui ? mais quoi ?... Mais rien. Il importe, pour échapper à l'angoisse, de découvrir la méthode qui vous permette à la fois d'être un homme qui *cause* comme tous les autres hommes, de ne pas être *séparé*, *exilé* de l'humaine

---

(1) « Tu causes, tu causes, c'est tout ce que tu sais faire » répète sans fin le perroquet Laverdure dans *Zazie*. Cette condamnation de l'homme en général, du poète en particulier, Queneau avec humour et modestie en tire au contraire une louange essentielle à la gloire du *roseau parlant*.

condition et d'être cependant, sans le moindre doute, soi, de ne pas être *séparé*, *exilé* de soi, *occupé* par la seule parole anonyme. Que faire alors sinon employer le langage le plus commun, partant le plus vivant, le langage parlé par le plus grand nombre ? Et parler, parler parce qu'ainsi s'affirme l'existence, se soulage la souffrance, s'atténue la solitude, se comble le vide dehors et dedans ? Mais encore faut-il imposer à ce langage de tous (et de personne) un chiffre unique et secret qui sera garant de la personnalité de celui qui parle. Ainsi l'affirmation : « Je cause d'une manière qui m'est propre donc je suis », sera-t-elle enfin recevable, puisque le poète pourra reconnaître dans ses paroles la marque cachée qui les authentifie à ses yeux, à son esprit et à son cœur. Il ne risquera plus de se confondre lui-même avec un autre : le style confirmera l'homme.

Telle est la fonction et la justification du poète : donner sa marque au langage de tous, sa marque et son ordre. L'homme ne peut sans doute que constater le chaos, cette faiblesse est en même temps sa grandeur. Le poète y ajoute la sienne propre qui est de mettre en ordre le langage avec lequel il exprime le désordre du monde.

Tirer du langage un discours unique qui se rit du néant, voilà l'objet de la méthode quenellienne ; le discours devant illustrer la méthode, ce qui boucle la boucle (2), abrite l'esprit dans un cercle et l'empêche de se perdre soit par vagabondage, soit par l'invasion du désordre dont il est cerné.

Autrement dit, Raymond Queneau est un écrivain classique, le Classique du XX° siècle. Car des écrivains académiques on en trouve plus d'un, des classiques non ! Queneau se méfie, il n'entend pas perdre la proie pour l'ombre : s'il lui tient à cœur d'utiliser le langage des autres, ces autres, ce sont gens de la rue, et non pas les écrivains. Il sait bien que *causer* comme Racine, Hugo ou Valéry ce n'est pas être. De nouveau le néant ricanerait sous ce langage d'emprunt. « Je cause comme X, donc je ne suis rien ». Le langage est une chair, on ne prélève pas un morceau de chair sur autrui, on ne fait alors que dépecer un cadavre. Il est un seul langage vivant aux yeux de Queneau, celui du peuple d'aujourd'hui. Aux écrivains admirés, ce sera une méthode et non un style qu'il demandera, une méthode susceptible d'assurer à l'œuvre le maximum de *vie organisée*. A Homère, il empruntera la méthode épique : suivre un homme à travers ses pérégrinations privées et publiques, à chacune de ces pérégrinations correspondant un « Chant » qui du contingent fait le nécessaire ;

---

(2) On reviendra, plus loin, sur ce mouvement circulaire et sur son importance dans l'œuvre de Raymond Queneau.

à Boileau la méthode satirique, à Joyce l'épico-satirique ; à Boileau de nouveau la méthode de synthèse de la tradition et de l'innovation : « Quand je fais des vers, je songe toujours à dire ce qui n'est point encore dit en notre langue ». Une telle méthode, Queneau l'applique constamment, soit à la lettre, soit selon ces deux variantes : dire des choses comme on ne les a pas encore dites, ou dire des choses qu'on ne dit plus.

Boileau entendait aussi conter dans une épitre « tout ce qu'il avait fait depuis qu'il était au monde » et y rapporter ses défauts, son âge, ses inclinations, ses mœurs, y dire de quel père et de quelle mère il est né. Queneau, de même, écrira un roman autobiographique, mais nullement à la manière de Rousseau, de Gide ou de quelques autres, car il le fera sous forme d'une suite de poèmes relatant une psychanalyse (l'autobiographie en vers ce sera pour la tradition rénovée, la psychanalyse pour la nouveauté). C'est encore la volonté de composer, dans un cadre traditionnel délaissé, des vers nouveaux sur des pensers nouveaux que nous rencontrerons dans *La petite cosmogonie portative* :

> On parle des bleuets et de la marguerite
> Alors pourquoi pas de la pechblende pourquoi ?
> On parle du front des yeux du nez de la bouche
> Alors pourquoi pas de chromosomes pourquoi ?

Pourquoi pas en effet, et la science deviendra un thème poétique, un thème romanesque aussi, comme la matière plastique dans « Le chant du Styrène », la philosophie, l'existence des poissons, le cinéma ou la psychanalyse. De Queneau poète, de Queneau romancier on peut dire qu'il a l'inspiration encyclopédique — voir la méthode flaubertienne dans « Bouvard et Pecuchet » — : ainsi disposera-t-il du champ le plus vaste pour parler d'une manière inattendue de ce qu'on n'attendait pas.

C'est dire que ce classique est un révolutionnaire. Un révolutionnaire à la recherche d'un ordre véritable et vivant, (et non d'un simulacre d'ordre qui n'est que masque sur le vide et la mort), à la recherche de *son* ordre qu'il imposera au langage, d'un ordre chiffré qui justifiera le langage de l'intérieur, et plus ce langage semblera rendre compte du désordre et du néant, plus son ordre sera rigoureux.

C'est par le poème que le langage atteint l'ordre le plus élevé. Queneau n'écrira que des poèmes, ses romans seront des poèmes, qu'ils soient écrits en vers — totalement comme *Chêne et chien,* partiellement comme *Saint-Glinglin* — ou en prose. A propos de son roman *Le Chiendent,* Queneau déclarait : « J'ai donné une forme, un rythme à ce que j'étais en train d'écrire. Je me suis fixé des règles aussi strictes que celles du sonnet. J'ai écrit d'autres romans avec cette idée de rythmes, cette intention de faire du roman une sorte de poème. On peut faire rimer des situations ou des personnages comme on fait rimer les mots, on peut même se contenter d'allitérations. Enfin je n'ai jamais vu de différences essentielles entre le roman tel que j'ai envie d'en écrire, et la poésie ».

Et, toujours à propos du *Chiendent*, l'auteur fait observer que ce roman se compose de 91 sections, soit 7 fois 13, 91 étant la somme des 13 premiers nombres et sa « somme » étant 1. C'est donc à la fois, ajoute Queneau « le nombre de la mort des êtres et celui de leur retour à l'existence, retour que je ne concevais alors que comme la perpétuité irrésoluble du malheur sans espoir. En ce temps là, je voyais dans 13 un nombre bénéfique parce qu'il niait le bonheur ; quant à 7, je le prenais, et puis le prendre encore, comme image numérique de moi-même, puisque mon nom et mes deux prénoms se composent chacun de 7 lettres et que je suis né un 21 (3 × 7). Bien qu'en apparence non autobiographique, la forme de ce roman en était donc fixée par ces motifs tout égocentriques, elle exprimait ainsi ce que le contenu croyait déguiser ».

On rapprochera de ces « aveux », ces autres lignes de Raymond Queneau sur l'analogie du poème et du roman : « alors que la poésie a été la terre bénie des rhétoriqueurs et des faiseurs de règles, le roman, depuis qu'il existe a échappé à toutes les lois. Mais pour ma part je ne saurais m'incliner devant un pareil laisser-aller. Si la ballade et le rondeau sont péris, il me parait qu'en opposition à ce désastre une rigueur accrue doit se manifester dans l'exercice de la prose. »

Cette volonté d'imposer un rythme, un chiffre, *son chiffre* au langage, (le classicisme ne serait-il pas un romantisme chiffré ?) c'est encore elle sans doute qui conduit Raymond Queneau à choisir souvent une forme rigoureusement close sur elle-même. Ainsi dans *Le Chiendent* dont la dernière phrase répète celle du début, dans *Zazie* qui se retrouve à la fin du livre à son point d'arrivée, dans *Les Fleurs bleues* ; de même certains poèmes se referment sur eux-mêmes par la répétition en écho final du premier vers, d'autres décrivent une sorte de spirale par l'enchaînement et l'enchevêtrement en litanies de quelques mots-clefs, d'autres encore épousent ou évoquent la forme ancienne de la ballade où chaque strophe est une boucle qui s'inscrit dans le cercle total du poème. Cette forme cyclique, cette façon de tourner en rond, que ce soit dans *Le Chiendent* ou dans le poème *L'explication des métaphores,* simule un acte de possession dérisoire : en effet le cercle décrit va sans fin de l'illusion de l'être à la conscience du néant. Souvenons-nous de cette remarque sur les 91 sections du roman

Le Chiendent : 91 qui est, à la fois « le nombre de la mort des êtres et celui de leur retour à l'existence, retour que je ne concevais alors que comme la perpétuité irrésoluble du malheur sans espoir ».

Langage chiffré, langage des chiffres, (le langage mathématique enchante Queneau au moins autant, sinon plus que le langage poétique), langage marqué au sceau infernal de l'éternel retour, la rhétorique quenellienne pouvait aboutir certes à une œuvre fort originale, mais aussi entièrement refermée sur elle-même, non seulement dans sa structure mais dans son objet. Un égocentrisme désespéré, tel aurait pu être l'aboutissement du « je cause donc je suis », si finalement l'incertitude du solipsisme l'emportait sur le verbe et sur l'être. Mais le cercle à la fois méthodique et obsessionnel a été brisé grâce à deux forces aux sens opposés : l'humour et l'amour. L'humour et l'amour du langage d'abord, puisqu'ici tout commence et finit par des mots. L'humour qui est mise à distance du monde, de la vie, et aussi de soi vis-à-vis de soi, subtil écart entre l'émotion et l'expression ; l'amour qui est au contraire identification avec le monde, la vie, le langage élevé à la dignité du chant (« les mots il suffit qu'on les aime — pour écrire un poème »).

L'humour est défense devant l'angoisse : ce monde pour mourir devient alors, *tenu à distance,* un monde pour rire, le scepticisme désespéré se transforme en ironie sans espoir. L'amour, lui, dépasse l'angoisse, l'amour des mots entraîne celui des hommes qui les prononcent. Queneau attaché à donner ses lettres   noblesse au langage parlé aime les petites gens qui précisément font vivre ce langage. Humour et amour échangent d'ailleurs leurs armes à chaque instant, et il est malaisé parfois de déceler ce qui revient à l'un ou à l'autre dans les métamorphoses quenelliennes du langage.

Notons en passant que ce langage parlé populaire est minoritaire dans les poèmes et les romans de Queneau, mais, sans doute, son intensité vitale supérieure à celle de la langue écrite suffit-elle pour qu'une phrase, quelques mots irradient à travers tout un poème ou tout un chapitre et transforment ainsi la coloration de l'œuvre entière.

De cette savante et savoureuse écriture du « langage parlé », Raymond Queneau attend la création d'une langue poétique, « une nouvelle langue », nouvelle beaucoup plus encore par la syntaxe que par le vocabulaire, nouvelle aussi par l'aspect, « une langue qui retrouvant sa nature orale et musicale deviendrait bientôt une langue poétique et la substance abondante et vivace d'une nouvelle littérature ». Ce souhait, l'œuvre de Queneau l'a très précisément accompli, elle est toute invention ou plutôt réinvention : en effet, elle redécouvre les sources (« une langue qui retrouvant sa nature orale et musicale... »).

Cette fois ce n'est plus le retour maudit et perpétuel à la mort, à l'insignifiance ; le cercle obsessionnel a été dépassé par la spirale de l'œuvre qui s'est conçue comme un retour à la naissance de la poésie, comme une renaissance ; de même les héros de Queneau, à l'origine exilés de l'existence, regrettant ou feignant de moquer l'innocence perdue, ont effectué eux aussi, au delà de la révolte, un retour vers l'innocence, l'enfance, la jeunesse : innocence tragique d'Hélène dans *Saint-Glinglin,* innocence exemplaire de *Pierrot mon ami,* innocence heureuse du soldat Valentin Bru dans *Le Dimanche de la Vie,* innocence insolente de Zazie, innocence enfin apaisée, apaisante, de Cidrolin délivré du duc d'Auge.

Une nouvelle langue poétique et une nouvelle sagesse, voilà les fruits admirables que nous donne une œuvre commencée dans un pessimisme et un scepticisme rigoureux. Pas si rigoureux cependant qu'ils n'aient laissé place à l'humour, à la connaissance et à l'amour. Au total un curieux mélange (pessimisme, scepticisme, humour, etc.), si original qu'il est, je crois, unique et ne semble guère souffrir l'imitation. Sans lui, la littérature de notre temps serait singulièrement appauvrie. Mais seul Queneau pouvait inventer Queneau cet inventeur essentiel des lettres modernes.

GEORGES-EMMANUEL CLANCIER

RAYMOND QUENEAU

LE TRÉSOR

C'était le bon temps : post-Montparnasse et pré-Saint-Germain. L'époque où nul d'entre nous ne songeait à autre chose qu'à perpétuer un état de liberté eminemment satisfaisant, sans trop s'inquiéter de la croûte... qu'il fallait quand même bien assurer. Ainsi Raymond Queneau, éternel étudiant, occasionnel professeur de français pour touristes-gagsters américains ; Jacques Prévert qui dispersait à tous vents sa verve poétique avant que les amis ne s'avisent d'en récolter des bribes pour les mettre noir sur blanc ; Benjamin Péret, toujours disponible pour les projets les plus fumeux ; Max Morise, dont un poème désenchanté (illustré par un squelette de cheval signé Max Ernst et intitulé « La Belle saison ») se termine ainsi :

> Et le Tarpan aux yeux sordides
> Attend sans hâte le moment
> Où ses artères étant vides
> Il fera peut-être beau temps...

Robert Desnos, enfin, et moi-même, avions décidé de gagner notre bœuf en écrivant des scénarios.

Il n'est rien resté, hormis celui qui sert de prétexte à cette préface, de ces « cadavres exquis » littéraires avant la lettre, et c'est dommage car certains préfiguraient, entre autres choses, les dessins animés modernes ou tout au moins ce qu'ils auraient dû être. Témoins, de Prévert, celui où l'on voit, dans une chaumière bretonne, une pieuvre faire le ménage, laver le linge, remonter la pendule, bercer le mioche, jouer du biniou, le tout en même temps avec ses tentacules. Et cet autre, en couleurs, dans lequel un vampire exsangue, en tube et cape à la Fantomas, fait le plein chez un pompiste et, gorgé de sang rouge, reprend son vol sinistre pour disparaître à l'horizon. Ayant un jour conçu l'ambition de monnayer tous ces talents méconnus, je bouclai ce joli monde dans une petite chambre d'hôtel avec consigne de fabriquer des scénarios à la chaîne, et je partis pour Berlin afin de vendre ma salade aux producteurs allemands.

Je faillis, sans un liard en poche, acheter les studios de la U.F.A., mais l'affaire des scénarios fut un fiasco noir : je ne vendis pas un seul de ces chefs-d'œuvre d'humour qui m'arrivaient régulièrement de l'usine. Et c'est les poches vides et la queue basse que je revins trouver l'équipe de poètes ratés qui œuvraient obscurément dans un cinquième de la rue Saint-Roch. La production cinématographique en resta là. Versons un pleur, mais discret : « Paroles », « Il était une boulangère », et autre Zazie étant ce qu'ils sont, la postérité n'a pas perdu au change.

MARCEL DUHAMEL.

Une villa. Vieillard maniaque très riche. Chantier en face villa. Terrassier remarque la villa. Rencontre la femme de chambre, tire renseignements. Le soir, rôde autour. Saute la grille. Assomme le vieillard, vole le trésor. Bonne découvre le cadavre. Interrogée par la police. Se souvient du terrassier. Enquête. Autre chantier ; pieds des gens, pris du trottoir. Planque trésor sous pavés. Inspecteurs s'amènent. Mains sur l'épaule. Type épouvanté sort un revolver (Inspecteur dit tout haut nom villa). L'autre ne lui laisse pas le temps, le blesse grièvement. Foule. Commissariat. Le blessé halète, balbutie quelques mots que seul médecin entend. Griffonne papier. Blessé meurt. Médecin s'en va. Etudie papier dans taxi.

PREMIERE PARTIE

Six heures et demie. Paris. Silhouettes de toits. Rues désertes, presque. Le jour se lève. Les chiffonniers, etc. Un camion de boueux s'arrête devant un hôtel particulier. Trois poubelles, très grandes sont devant la porte. Les boueux descendent, les prennent et les vident dans le camion. On entrevoit des corps ligottés qui tombent. Puis le camion repart.

Le bois de Vincennes. Le camion s'arrête à côté d'une voiture de livraison. On voit les deux autos et des hommes qui s'agitent derrière, sans que l'on sache ce qu'ils font. La voiture de livraison part. Le camion est abandonné.

Vue d'une avenue très droite. La voiture s'arrête au loin. Trois hommes descendent. Elle repart. Elle s'arrête devant un boucher à qui on livre un sac très grand ; puis devant un bistrot à qui on livre un tonneau ; puis devant un crémier à qui on livre une caisse. En partant elle manque d'écraser un vieux bonhomme, qui porte un filet à provisions : il tâte les camemberts. Le patron sort. Le vieux bonhomme dit : « Ils ne sont pas faits vos camemberts ». Le patron : « Il y en a de meilleurs à l'intérieur ». Le vieux entre dans l'arrière-boutique. Le crémier décloue une caisse. Un vieillard ligoté est enfermé dedans. Le vieux le palpe avec un sourire. Il écrit quelques mots sur une feuille qu'il donne au crémier, qui referme la caisse. Il sort.

On voit ensuite un homme jeune qu'on tire d'un sac chez le boucher, dans l'arrière-boutique.

Puis une femme jeune ligotée dans un tonneau, dans la cave du bistrot. Le vieux sort du bistrot. Il monte non loin de là dans une conduite intérieure. Il baisse les rideaux.

Une villa en banlieue. Un homme jeune (Pivot) descend de la voiture. La porte cochère s'abaisse comme un pont-levis. Personne. Silence. Il monte un escalier et entre dans un bureau. Seule illustration : une très grande et belle photo de la place de l'Opéra. Assis à une petite table, un individu à barbe blanche joue aux dames. Il pousse un pion blanc. Il change de place, met une barbe noire et pousse un pion noir. Et ainsi de suite. Lorsqu'il a gagné ou perdu la partie, il se lève et s'incline devant Pivot qui lui dit : « Tu as gagné c'est bien, mais tes invités vont venir ». Le fou a l'air très joyeux.

Le lendemain, en effet, arrive une petite voiture de crémier devant la villa. Le crémier en descend, tire de la voiture le vieux magistrat ligoté ; on lui ouvre. Il livre son colis. Dans une pièce, Pivot fait asseoir le magistrat. Le fou lui enlève son col, sa cravate, vide ses poches et lui dit : « J'étais jeune, 18 ou

20 ans, je ne sais pas au juste, vous étiez mon tuteur, je ne voulais rien faire et je trouvais que la débauche était une occupation suffisante, j'avais d'ailleurs les moyens ; je fis alors ce que les vieux appellent des folies ; prenant la chose au mot pour vous emparer de mes biens (mal acquis ne profite jamais), vous me fîtes enfermer.

« Je m'évadais une première fois et rencontrais alors une jeune fille que j'aimais, c'était la fille du directeur de la Salpétrière, elle avait un chapeau marquis, et portait sur le sommet du crâne une armoire à glace sur laquelle étaient écrits à la craie ces mots : pour 2 f. 25 une douzaine d'escargots, un morceau de pain et un verre de beaujolais.

« Nous nous mîmes alors en ménage au cinquième étage dans une chambre à air en assez bon état ; tous les matins, je glissais sur la rampe d'escalier pour aller chercher le lait et c'était une bonne petite vie, lorsqu'un jour d'un coup de canif sournois vous pinçâtes ma vie entre la fenêtre de votre crétinisme et la baudruche de votre sottise. Vous enfermâtes ma femme dans une blague à tabac pour qu'elle prenne l'aspect d'un rossignol plumé ! Salaud, va ! »

DEUXIEME PARTIE

La place de l'Opéra, etc... Les travaux pendant l'été.

La nuit. Trois heures. Un vieil ouvrier fume une cigarette. Il la jette au passage d'un monsieur très chic en qui nous reconnaissons le personnage plus haut. Celui-ci ramasse négligemment la cigarette. Quelques pas plus loin, il l'ouvre : elle contient une pierre précieuse. Gros plan du monsieur. Quelques pas plus loin, il regarde la vitrine d'un magasin. Quelques ouvriers sortent du chantier. Ils se dirigent lentement vers la Madeleine. L'un d'eux jette un paquet dans une corbeille à papiers. Le même monsieur a vu ce geste dans la glace. Il fouille dans la corbeille, prend le paquet et monte dans une auto qui disparait à grande allure.

Une pièce éclairée sobrement. Trois personnages sont assis ligotés dans des fauteuils. Devant eux, le fou vu plus haut se livre à une mimique impressionnante. La porte s'ouvre. Pivot entre. Il vide sur un petit guéridon le contenu du paquet : pierres précieuses, or, etc. On voit dans les yeux des personnages ligotés la convoitise et la rage. « Docteur, vous vouliez ce trésor. Vous êtes trop bête. D'ailleurs vous me gênez. Vous partirez demain pour l'Argentine, avec femme et votre fils ».

Quelques jours après. Un train spécial arrive en gare de Berlin. Pivot descend accompagné d'un personnage hagard et charmant. On les voit ensuite dans un hôtel très chic ; Pivot lit le *Berliner Tageblatt*. « Le paquebot X pour l'Argentine a coulé corps et biens ». Il sourit. Il sort. Une auto l'emmène à l'aérodrome où il monte dans un avion splendide qui disparaît.

Un personnage colle des billets de banque sur les murs. Des gens s'acharnent à les décoller soigneusement. Ils se battent. Le fou ne s'en occupe pas. Il est très joyeux.

On revoit l'avion.

Ce scénario a été écrit en 1928 avec la collaboration de Marcel Duhamel et Jacques Prévert.

RACONTEZ-MOI...

Il y a quelques années — c'était au moment de la Petite Cosmogonie Portative *— Queneau fut interviewé par une radio qui n'était pas celle de Paris. Emission « en direct », comme on dit, sorte de parade foraine : où notre héros fit le singe à trois plumes, Jean Lescure le faire-valoir, M. Loyal ou l'interviewer l'ahuri tombé dans un baquet d'eau. Il fut question du Surréalisme, de la Saint Glinglin, de la Cornouaille (en Angleterre), des célébrités du Havre, des secrets du métier... Le texte que voici est la transcription fidèle de cet entretien.*

R. M.

INTERVIÉWER. — Dites-moi, Lescure, que regardez-vous là ?

LESCURE. — Eh bien, c'est un manuscrit de Raymond Queneau. C'est le manuscrit des quarante premiers vers de la *Petite Cosmogonie portative*, illustré par votre serviteur...

I. — Et je vois un vers par page... et un dessin par page, c'est ça ?

L. — Et un dessin par page, oui. Mais il y a six chants de deux cent combien, Raymond ? De deux-cent trente ?

QUENEAU. — Deux cent trente, oui. Oui, je crois qu'il y a vingt-trois lignes par cahier, enfin... Des petits cahiers d'écolier, naturellement...

I. — C'est de propos délibéré que vous avez entrepris ce travail, tous les deux ?

Q. — Ah ! oui, oui, oui, c'est tout à fait délibéré ! (rires).

L. — Pour moi, c'est tout à fait délibéré, mais je ne m'attendais pas aux six chants, n'est-ce pas...

I. — Racontez-moi...

Q. — Non, non, y a aucun traquenard.

I. — Racontez-moi comment ça s'est fait ?

L. — Eh bien, comment Raymond a conçu le poème, ça c'est le plus intéressant, je crois que c'est la chose importante.

Q. — Mais je ne l'ai pas conçu, du tout, il s'est conçu tout seul, enfin, c'est un poème un petit peu... surréaliste, disons. Enfin surréaliste dans le sens où il n'y a pas de, d'intention enfin... Là, aucune...

L. — Pour une cosmogonie... Enfin, il y a l'intention cosmogonique en tout cas ?

Q. — Oh, pas au début.

L. — Pas au début ?

Q. — La cosmogonie vient après...

I. — Peut-on parler d'écriture automatique ?

Q. — Un peu, il n'y a pas beaucoup de ratures. Il n'y en a pas plus que dans un texte surréaliste ordinaire. C'est ça une écriture automatique, non, je ne sais pas, il y a une rature par page ?

L. — C'est ça !

Q. — Deux même, oui, c'est encore admissible !

I. — Mais je voudrais vous demander, vos... quelles sont actuellement vos relations avec le mouvement surréaliste ? Enfin, faites-vous partie encore du mouvement surréaliste ? Ou...

Q. — Y a un mouvement surréaliste, oui... Ah non, je n'en fais pas partie. D'ailleurs je ne savais pas qu'il y avait un mouvement surréaliste.

I. — On vous a rangé parfois, à tort peut-être, parmi ce groupe qu'on appelle le groupe surréaliste.

Q. — Ah mais ! j'ai appartenu au groupe surréaliste !

I. — N'est-ce pas ?

Q. — Oui oui, c'est tout à fait authentique ! Authentique, enfin, le groupement surréaliste est authentique. Autrefois...

L. — Ton appartenance aussi !? !

Q. — Ah oui oui, mon appartenance aussi est authentique ! Non mais actuellement, je ne...

L. — Mais à quel moment tu as rompu, avec le mouvement surréaliste ?

Q. — Oh, il y a bien longtemps... Il y a bien longtemps, c'est en 1900... je ne sais pas, 30, quelque chose comme ça.

L. — Et c'est pour des raisons littéraires ?

Q. — Oh non, non, pour des raisons tout à fait personnelles. Actuellement, je suis en très bons termes avec André Breton.

I. — Qu'écrivez-vous en ce moment ? Peut-on vous le demander ?

Q. — Mais, mais, ah mais non, je n'écris plus la *Petite Cosmogonie portative* puisque j'ai fini. Alors je n'écris rien !

L. — Tu ne fais rien en ce moment ?

Q. — Non, non. J'ai pas beaucoup de temps. Alors je ne fais rien.

L. — Pas de roman ?

Q. — Non.

L. — Un petit projet ?

Q. — Aucun, non, non. J'ai pas de projet. J' suis pas, j' suis pas très courageux.

I. — Vous ne voulez pas nous raconter comment vous avez écrit la *Saint Glinglin ?*

Q. — Comment je l'ai écrit ? ! Mais comme tout le monde écrit ! Avec un porte-plume, un petit cahier, j'ai commencé par le début, j'ai fini par la fin ! J'y ai mis le temps, mais enfin j'ai fait comme tout le monde, enfin, je ne pense pas que...

I. — Un beau jour vous avez commencé à écrire ça, vous n'aviez pas un projet, vous n'aviez pas un plan ?

Q. — Et un encore plus beau jour, j'ai terminé (rires).

L. — Mais, y a, y avait déjà deux livres, qui avaient été publiés.

Q. — Ah oui ! Dans la *Saint Glinglin*, j'entends... en commençant, enfin, par le premier et en finissant par la fin. J'ai commencé par la première page et j'ai fini par la dernière. Je n'ai pas... Je suis resté tout à fait méthodique.

I. — Où l'avez-vous écrit, ici, à Paris ?

Q. — Non non, j'ai commencé... en Cornouaille. En Cornouaille, la Cornouaille d'Angleterre.

I. — Oui. Vous allez souvent en Angleterre ?

Q. — Non, pas du tout. Non, non. J'y suis pas retourné depuis.

I. — Vous n'aimez pas ce pays ?

Q. — Si, si, si.

I. — C'est assez prenant, je crois, tout de même ?

Q. — Oui...

I. — Ça ressemble un peu à la Bretagne, non ?

Q. — La Cornouaille ? ? ?

I. — Non ?

Q. — Ah, je ne sais pas, je ne suis pas allé en Bretagne, je ne puis pas juger ! Je n'ai pas... La Cornouaille, c'est pas très drôle, la Cornouaille ! Il pleuvait, y avait... Y a rien quoi ! Y a une route, et puis des trucs là, des barricades, des palissades autour des champs, enfin c'est pas drôle. Y a la mer...

I. — Vous êtes Parisien, je crois, oui ?

Q. — Non, non, non ! Ah j' suis même pas Parisien maintenant. J'habite Neuilly j' veux dire, j'habite même pas Paris, alors, j' suis pas Parisien, puis je ne suis pas né à Paris. J' suis né à Bray, en face de la Cornouaille, pas tout à fait, enfin...

I. — Ah oui, en effet.

Q. — Je suis Normand, enfin, je suis...

I. — Et votre enfance s'est déroulée sur les quais du Havre ?

Q. — Oh pas, non, pas sur les quais ! pas sur les quais...

I. — La mer n'a pas eu sur vous une influence ? Souvent les...

Q. — Ah oui ?

I. — ...les écrivains nés au bord de la mer en ont gardé toujours quelque chose, au moins la...

Q. — Oui, du reste c'est pas difficile, y a une promotion....

L. — Oui, c'est un fait assez remarquable, enfin, au Havre, y a Salacrou, y a eu Leiris...

Q. — Non ! Leiris, c'est pas vrai ! ! Leiris, il est Parisien, il est Parisien... Non, non.

L. — Il était pas au Havre avec toi ?

Q. — Non, pas du tout, absolument pas...

L. — Alors, qui il y avait, au Havre ?

Q. — Y a Dubuffet, y a Salacrou, Limbour, Bost... Puis y a, un petit peu avant, y a tous les peintres, Othon, Friesz, Braque, Dufy... Puis y a des musiciens, y a Honegger, enfin c'est une ville très riche !

L. — Et puis, il y a Raymond Queneau, enfin, c'est quand même pas mal !

Q. — Je te remercie ! (rires).

I. — Je voudrais tout de même que vous me parliez, si vous le voulez bien, de votre façon de concevoir une œuvre littéraire ? Je vois que vous me jetez un coup d'œil un peu effaré... Pourquoi ?

Q. — Ah oui ! oui ! Parce que je n'ai pas de conception propre ! j'ai la conception de tout le monde !

I. — Et vos œuvres vous sont imposées, comme ça, d'un coup ?

Q. — Imposées par qui ?

I. — Je... je vous le demande.

Q. — Ah ! Je ne... non...

Etc.....

Bibliographie

I. - POÉSIE ET ROMANS

LE CHIENDENT, *roman.* Gallimard, Paris 1933.

GUEULE DE PIERRE, *roman.* Gallimard, Paris, 1934.

LES DERNIERS JOURS, *roman.* Gallimard, Paris, 1936.

CHÊNE ET CHIEN, *roman en vers.* Front. de Hélion. Denoël, Paris, 1937.

ODILE, *roman.* Gallimard, Paris, 1937.

LES ENFANTS DU LIMON, *roman.* Gallimard, Paris, 1938.

UN RUDE HIVER, *roman.*
- — Ed. originale. Gallimard, Paris, 1939.
- — Ed. reliée d'après la maquette de Mario Prassinos. Gallimard, Paris, 1946.
- — LES TEMPS MÊLÉS (GUEULE DE PIERRE II), *roman.* Gallimard, Paris, 1941.

PIERROT MON AMI, *roman.*
- — Ed. originale. Gallimard, Paris, 1942.
- — Ed. illustrée par Chaval, Club Français du Livre, Paris, 1954.
- — Coll. Le Livre de Poche, Gallimard, Paris, 1955.

LES ZIAUX, *poèmes.*
- — Ed. originale, Coll. Métamorphoses. Gallimard, Paris, 1943.
- — Ed. reliée d'après la maquette de Paul Bonet. Gallimard, Paris, 1943.

EN PASSANT. L'Arbalète, Barbezat, Lyon, 1943 (tirage limité à deux exemplaires).

FOUTAISES. Hors commerce, 1944.

LOIN DE RUEIL, *roman.*
- — Ed. originale. Gallimard, Paris, 1944.
- — Ed. reliée d'après la maquette de Mario Prassinos, Gallimard, Paris, 1944.

L'INSTANT FATAL, *poèmes.*
- — Ed. originale, avec 16 cuivres de Mario Prassinos. Aux nourritures terrestres, Paris, 1946.
- — Ed. augmentée. Gallimard, Paris, 1948.

PICTOGRAMMES. Hors commerce, 1946.

A LA LIMITE DE LA FORÊT, *nouvelle.* Fontaine, Paris, 1947.

BUCOLIQUES, *poèmes.* Gallimard, Paris, 1947.

EXERCICES DE STYLE.
- — Ed. originale. Gallimard, Paris, 1947.
- — Ed. reliée d'après la maquette de Mario Prassinos. Gallimard, Paris, 1947.
- — Ed. agrémentée de treize exercices de style typographiques de Pierre Faucheux, Club des Libraires de France, Paris, 1956.

— Ed. calligraphiée et dessinée sur pierre lithographique par Gabriel, Paris, 1961. (Tirage limité à quatre-vingt-douze exemplaires.)

Edition accompagnée d'exercices parallèles peints, dessinés ou sculptés par Carelman et de 99 exercices de style typographiques de Massin et suivie d'une étude sur la perte d'information et la variation de sens dans les Exercices de Style par le docteur Claude Leroy. *Gallimard et Club Français du Livre*, Paris, 1964.

ON EST TOUJOURS TROP BON AVEC LES FEMMES, *roman*.
— Ed. publiée sous le pseudonyme de Sally Mara (traduit par Michel Presle). Ed. du Scorpion, Paris, 1947.

UNE TROUILLE VERTE, *nouvelles*. Ed. de Minuit, Paris, 1947.

LE CHEVAL TROYEN, *nouvelle*. Pointes sèches de Christiane Alanore. Gi Visat, Paris, 1948.

MONUMENTS, *poèmes*. Burins de Jean-Paul Vroom. Ed. du Moustié, Paris, 1948.

SAINT-GLINGLIN, *roman* précédé d'une nouvelle version de GUEULE DE PIERRE et des TEMPS MÊLÉS. Gallimard, Paris, 1948.

JOAN MIRO OU LE POÈTE PRÉHISTORIQUE. Skira, Genève, 1949.

MAURICE DE VLAMINCK OU LE VERTIGE DE LA MATIÈRE. Skira, Genève, 1949.

BATONS, CHIFFRES ET LETTRES. Gallimard, Paris, 1950.

JOURNAL INTIME, *roman*.
— Ed. publiée sous le pseudonyme de Sally Mara. Ed. du Scorpion, Paris, 1950.

PETITE COSMOGONIE PORTATIVE, *poème*.
— Ed. originale. Gallimard, Paris, 1950.
— Ed. illustrée de lithographies d'André Marchand. Les Francs Bibliophiles, Paris, 1954.

SI TU T'IMAGINES, *poèmes*.
— Ed. originale, Coll. Le Point du Jour. Gallimard, Paris, 1951.
— Ed. reliée d'après la maquette de l'auteur. Gallimard, Paris, 1951.

LE DIMANCHE DE LA VIE, *roman*.
— Ed. originale. Gallimard, Paris, 1952.
— Ed. reliée d'après la maquette de Mario Prassinos. Gallimard, Paris, 1952.

LORSQUE L'ESPRIT. Coll. Q. Collège de Pataphysique, Paris, 1955.

LE CHIEN A LA MANDOLINE, *poèmes*. Temps mêlés, Verviers, 1958.

SONNETS. Editions Hautefeuille, Paris, 1958.

ZAZIE DANS LE MÉTRO, *roman*.
— Ed. originale. Gallimard, Paris, 1959.
— Ed. reliée d'après la maquette de Mario Prassinos. Gallimard, Paris, 1959.
— Ed. reliée d'après la maquette de Massin, Coll. Soleil, Gallimard, Paris, 1959.

CENT MILLE MILLIARDS DE POÈMES. Ed. réalisée d'après les maquettes de Massin. Gallimard, Paris, 1961.

TEXTICULES. Temps mêlés. Verviers, Belgique, 1961 (Tirage limité à trois exemplaires.)

LES ŒUVRES COMPLÈTES DE SALLY MARA (avec une préface de l'auteur et SALLY PLUS INTIME). Gallimard, Paris, 1962

ENTRETIENS AVEC GEORGES CHARBONNIER, Gallimard, Paris 1962.

BORDS, Hermann, Paris, 1963.

LE CHIEN A LA MANDOLINE, nouvelle édition suivie de Sonnets, Gallimard, Paris, 1965.

LES FLEURS BLEUES, Gallimard, Paris, 1965.

II. - PRÉFACES ET POSTFACES

BOUVARD ET PÉCUCHET, de Flaubert. Point du Jour, Paris, 1947.

MOUSTIQUES, de Faulkner. Ed. de Minuit, 1948.

RENDEZ-VOUS DE JUILLET, de Jean Queval. Chavanne, Paris, 1949.

LIVRE DE COCKTAILS, d'Emile Bauwens. Un coup de dés, Bruxelles, 1949.

L'HONNEUR DE PÉDONZIGUE, de Roger Rabiniaux. Corrêa, Paris, 1951.

LES ÉCRIVAINS CÉLÈBRES, t. I. Mazenod, Paris, 1951.

L'ARRACHE-CŒUR, de Boris Vian. Vrille, Paris, 1955.

ANTHOLOGIE DES JEUNES AUTEURS. Jeunes Auteurs Réunis, Paris, 1955.

CHRISTOPHE COLOMB, de Caradec, Grasset, Paris, 1955.

HISTOIRE DES LITTÉRATURES, t. I, Encyclopédie de la Pléiade. Gallimard, Paris, 1956.

POUR UNE BIBLIOTHÈQUE IDÉALE, enquête, Gallimard, Paris, 1956.

HISTOIRE DES LITTÉRATURES, t. II, Encyclopédie de la Pléiade. Gallimard, Paris, 1957.

ADOLPHE, de Constant, Mazenod, Paris, 1957.

CONTES, de Poe, Mazenod, Paris, 1957.

A BOUT PORTANT, 85 portraits-charges littéraires de Maurice Henry, Gallimard, Paris, 1958.

HISTOIRE DES LITTÉRATURES, t. III, Encyclopédie de la Pléiade. Gallimard, Paris, 1958.

BOUVARD ET PÉCUCHET, de Flaubert. Livre de Poche, Paris, 1959.

CATALOGUE DE L'EXPOSITION D'ELIE LASCAUX, Galerie Louise Leiris, Paris, 1959.

EXPOSITION BAJ, Galerie du Fleuve, Paris, 1961.

EXPOSITION BAJ, Bergrruen, Paris, 1962.

LOIN DE RUEIL, comédie musicale de Roger Pillaudin, Gallimard, Paris, 1962.

MÉMOIRES DU BARON JEAN MOLLET, Gallimard, Paris, 1964.

EXPOSITION MARIO PRASSINOS, musée du Havre, Le Havre, 1965.

Les photographies de Raymond Queneau sont d'Annette Lèna. Elles ont été prises dans son bureau et devant le pavillon de l'Encyclopédie de la Pléiade, qu'il dirige aux Editions Gallimard.

LIBRAIRIE DUPONCHELLE

24, rue Dauphine - 75006 Paris
Tél. : 43.26.55.85 - 43.26.58.26

Titres disponibles sous réserve des stocks

Collection Trésors de la Photographie

Pierre Miquel : *Le Second Empire* (Prix Public 90 F) - Philippe Julian : *Le Nu 1900* (Prix Public 100 F) - André Barret : *Les premiers reporters photographes 1848-1914* (Prix Public 135 F) - Yves Le Scal : *Au temps des grands voiliers 1850-1920* (Prix Public 135 F)

Les grands architectes

Andréa Palladio de G.K. Lonkomski (Prix Public 50 F)

Jean-Jacques Levêque : *L'Hôtel de Ville de Paris* (Prix Public 95 F)

Elsie Altmann-Loos : *Recettes et souvenirs de Vienne* (Prix Public 30 F)

Humour

A. Allais : *Vive la vie* - P. Daninos : *Les Carnets du Major Thomson* Raymond Devos : *Sens dessus-dessous* - Tristan Bernard : *Rires et sourires* (Prix Public 35 F)

François Suzzarini : *Comment entretenir et développer sa mémoire* (Prix Public 25 F)

Editions A.B.C.

Porcelaines tendres (Prix Public 250 F) - *Céramiques du Beauvaisis* (Prix Public 220 F) - *Faïences de Creil* (Prix Public 220 F) - *Grès de Chine* (Prix Public 90 F) - *Militaria* (Prix Public 90 F) - *Faïences du Nord* 3 vol. (le vol. Prix Public 80 F) - *Faïences de l'Auxerrois* (Prix Public 60 F) *Faïences des Vosges* (Prix Public 60 F)

Collection Champs Flammarion

E. Badinter : *Les remontrances de Malesherbes* - Barraclough : *Tendances actuelles de l'histoire* - A. Binet : *Les idées modernes sur les enfants, Génocide Arméniens, Le crime du silence* - Michelet : *Louis XIV et la révocation de l'Édit de Nantes* - Papaioannou : *Marx et les Marxistes* - Porchnev : *Soulèvements populaires en France au XVIIe siècle* - Ramnoux : *La nuit et les enfants de la nuit* - Vilar : *Or et monnaie dans l'histoire* - Burgière : *Bretons de Plozevet* - Chastel : *La revue de l'art* - Chevènement : *Le vieux, la crise, le neuf* - Condominas : *Nous avons mangé la forêt* - *États Généraux de la philosophie (16 et 17 juin 1979)* - Mouleman Marlopré : *Que reste-t-il du désert?* - Mednenev : *Andropov au pouvoir* - B. Noël (2 vol) : *Dictionnaire de la Commune* - Simonis : *Claude Levis Strauss ou la passion de l'inceste* (Prix Public 15 F)

Sciences Flammarion

Jaurès : *Guerre Franco-Allemande* - Lecompte : *L'Homme devant la science* - Weeber : *Armements modernes* (Prix Public 12 F)

Editions Aubier - Collection Floréal

Serge Bianchi : *La révolution culturelle de l'An II* - Hervé Luxardo : *Rase campagne* - Luc Bihl - Luc Willette : *Une histoire du mouvement consommateur* - Gilles Ragache : *1940, la guerre détraquée* - Luc Willette : *Le coup d'état du 2 décembre 1851* (Prix Public 25 F)

Cinéma Editions Lherminier

Pierre Bairon : *Pierre Kast* - Jean-Pierre Pagliano : *Paul Grimault* (Prix Public 35 F) - Geneviève Guillaume Grimault : *Le cinéma et le Front Populaire* (Prix Public 60 F)

Editions Armand Colin

Micheline Tison-Braun : *Malraux ou l'énigme du moi* (Prix Public 15 F *Petite histoire du Mexique* (Prix Public 15 F) - Collection kiosque *Le boulangisme et la presse* par Jacques Néré - *Nadar* par Jean Prinet et Antoinette Dilasser - *La mode et ses métiers 1830-1870* par Henriette Vanier (Prix Public 15 F) - Paul Bastid : *Benjamin Constant* (2 vol. Prix Public 65 F)

Editions Henri Veyrier - Collection Plumes du Temps

Burroughs par Gérard-Georges Lemaire - *Dino Buzzati* par Antonella Monterrovesi - *1960-1985 une génération* par J. Donguy - *Huysmans* par Philippe Audouin - *Klossowski* par Jean Decottignies - *Jacques Laurent* par Jean-François Bory - *Michel Leiris* par Jean-Michel Gautier - *Francis Ponge* par Serge Koster - *Michel Tournier* par Serge Koster (Prix Public 75 F)

Edition Louis Conard - Honoré de Balzac

Scènes de la vie politique (1 vol.) - *Scènes de la vie de campagne* (4 vol.) - *Etudes analytiques* (2 vol.) - *Contes drolatiques* (2 vol.) (Prix Public le vol. 40 F)

Collection de l'Arc

Butor - *Le Roy Ladurie* - *La crise dans la tête* - *A. Dumas* - *Sciascia* - *Groddeck* - *Cortasar* - *Verdi* - *Reich* - *Stendhal* - *H. James* - *Singer* - *Orwell* - *Sarraute* - *Lawrence* - *Miller* - *Nabokov* - *Faulkner* - *Anarchies* - *Istrati* (Prix Public 30 F)

En réimpression

FÉVRIER : Georges Bataille - Georges Perec - Sigmund Freud - Marguerite Duras - Francis Bacon - James Joyce - Jean Dubuffet

MARS : René Char - Photographie - Raymond Queneau - Jean-Paul Sartre - Expressionnisme - Levi-Strauss - Roland Barthes

AVRIL : Iannis Xenakis - Roman Jacobson - Raymond Roussel - Robert Musil - Marcel Duchamp - Jacques Lacan - Yves Bonnefoy

MAI : J. Giono-F. Ponge - André Masson - Sud Italien - Baroque - Van Gogh - Les Gitans - Peinture - Le Soleil hommage à Matisse - La vigne et le vin - Byzance Blaise Cendrars

Format 18 x 23   Prix vente public : 30 F

ACHEVÉ D'IMPRIMER EN MARS 1990
SUR LES PRESSES DE L'IMPRIMERIE MODERNE - SAGIM A LIVRY-GARGAN
DÉPÔT LÉGAL 1er TRIMESTRE 1990